词语大闯关

班级：_____

姓名：_____

开篇语

　　一点一横，方寸之间，尽显结构之美。

　　一撇一捺，穿插避让，网罗万千景象。

　　汉字、词语、成语、句子、文章……流淌成气韵盈荡的不息长河。

　　泛舟，徜徉，遇见文化风景。

　　汲取，积淀，长成博学风骨。

　　亲爱的小朋友，词语王国，精彩纷呈；语言世界，别有洞天。相信智勇双全的你，一定渴望一场精彩的探究之旅。

　　下面，迎接你的有十二座关卡，每闯过一座关卡都能得到智慧星。你能得到多少智慧星呢？让我们拭目以待……

目录

第一关　　人间草木　1

第二关　　鸟兽鱼虫　4

第三关　　壮美山河　7

第四关　　四季之美　10

第五关　　风霜雨雪　14

第六关　　日月星辰　17

第七关　　中华节气　20

第八关　　美好童年　24

第九关　　人间真情　28

第十关　　英雄浩然　31

第十一关　寓言有益　35

第十二关　神话天地　39

第一关
人间草木

一 **汉字变形** 请为下面的汉字加偏旁，再用新字组词填写在括号中。6分

支——（　　　　）　　又——（　　　　）

早——（　　　　）　　风——（　　　　）

公——（　　　　）　　央——（　　　　）

直——（　　　　）　　方——（　　　　）

约——（　　　　）　　每——（　　　　）

古——（　　　　）　　连——（　　　　）

二 **词语归类** 请将描写花草的词语填写在下面的横线上。6分

别出心裁	花团锦簇	姹紫嫣红	义愤填膺
青翠欲滴	一碧千里	郁郁葱葱	谈笑风生
金碧辉煌	落英缤纷	风卷残云	理直气壮

1

_____

_____

_____

三 句子成形 请选择"花""木""草"中的一个字,填写在括号中,使句子顺畅。6分

1. 花园里,桃花、杏花、玉兰花……百花齐放,真是让人眼(　)缭乱。

2. 这里的环境非常恶劣,到处寸(　)不生。

3. 听到这个好消息,他不由得心(　)怒放。

4. 敌人在逃跑途中总是提心吊胆,(　)木皆兵。

5. 我们在读书时要认真细致,千万不能走马观(　)。

6. 面对这突如其来的噩耗,大家一个个呆若(　)鸡。

四 词语完形 请填写合适的字,将下面的词语补充完整。6分

(　)暗花明　　妙笔生(　)　　(　)断丝连

投桃报(　)　　望(　)止渴　　胸有成(　)

(　)好月圆　　桃红(　)绿　　(　)长莺飞

落叶归(　)　　(　)繁叶茂　　鸟语(　)香

五 古诗达人 为下面的古诗寻找合适的花木，将古诗补充完整。
6分

杏　梅　柳　桃　莲　荷

1. 两个黄鹂鸣翠（　　），一行白鹭上青天。

2. 墙角数枝（　　），凌寒独自开。

3. 春色满园关不住，一枝红（　　）出墙来。

4. 竹外（　　）花三两枝，春江水暖鸭先知。

5. 竹喧归浣女，（　　）动下渔舟。

6. 接天莲叶无穷碧，映日（　　）花别样红。

> **智慧之星**
>
> 获得30分可获得智慧星3颗。
> 获得25分及以上可获得智慧星2颗。
> 获得20分及以上可获得智慧星1颗。
>
> 你获得了几颗？请涂上颜色吧！

第二关
鸟兽鱼虫

一 汉字归类 请你观察各组汉字的偏旁特点，照样子各写三个。6分

1. 牧 特 牡 _____ _____ _____
2. 鸣 鹅 鹊 _____ _____ _____
3. 狐 狮 猫 _____ _____ _____
4. 蝴 蝶 蚂 _____ _____ _____

二 词语补充 请填写身体部位，完善成语。6分

出人（　）地　　三（　）六（　）　　了如指（　）

铁石心（　）　　一（　）了然　　　　扬（　）吐气

掩（　）盗铃　　鹦鹉学（　）　　　　另（　）相看

一（　）遮天　　（　）（　）相照　　画龙点（　）

三 句子成形 请将合适的成语填进句子中。6分

> 画蛇添足　对牛弹琴　笨鸟先飞
> 鸦雀无声　黔驴技穷　车水马龙

1. 街道上熙熙攘攘，(　　　)，一派热闹景象。

2. 事情本来已经圆满解决，他非要(　　　)，结果情况更糟糕了。

3. 我们在学习时，要勤奋努力，这样即使资质不如别人，也能(　　　)。

4. 同学们都在上自习，教室里(　　　)。

5. 对于这个问题，他已经(　　　)，实在没有办法解决。

6. 聪聪说了这么多，没想到竟然是(　　　)，弟弟一点儿也没有听进去。

四 词语完形 请填写合适的字，将下面的词语补充完整。6分

(　)吞(　)咽　　胆小如(　)　　漏网之(　)

(　)立鸡群　　(　)飞(　)舞　　害群之(　)

一箭双(　)　　(　)(　)点水　　惊弓之(　)

如(　)添翼　　如(　)得水　　群(　)无首

五 古诗达人 请为下面的古诗寻找合适的动物,将古诗补充完整。6分

河豚　白鹭　黄蝶　鸳鸯

蜻蜓　新燕　鳜鱼　早莺

1. 西塞山前（　　）飞,桃花流水（　　）肥。

2. 泥融飞燕子,沙暖睡（　　）。

3. 儿童急走追（　　）,飞入菜花无处寻。

4. 几处（　　）争暖树,谁家（　　）啄春泥。

5. 蒌蒿满地芦芽短,正是（　　）欲上时。

6. 日长篱落无人过,惟有（　　）蛱蝶飞。

智慧之星

获得30分可获得智慧星3颗。

获得25分及以上可获得智慧星2颗。

获得20分及以上可获得智慧星1颗。

你获得了几颗?请涂上颜色吧!

第三关
壮美山河

一 汉字组词 请为下面的汉字组词，并填写在括号中。6分

岸（　　）　确（　　）　波（　　）

岩（　　）　破（　　）　潮（　　）

岗（　　）　硬（　　）　流（　　）

崖（　　）　矿（　　）　溪（　　）

二 词语搭配 以下有六个四字词语被拆成了两部分，请连线合理搭配。6分

绿草　　　　　如镜
风景　　　　　如黛
月光　　　　　如练
水平　　　　　如茵
青山　　　　　如丝
细雨　　　　　如画

三 词语归类 请将描写山、水的词语分别填写在下面的横线上。6分

花言巧语	高耸入云	手舞足蹈	波涛汹涌
一本正经	重峦叠嶂	波光粼粼	无能为力
连绵起伏	无缘无故	奔流不息	得心应手

1. 描写山的词语：

_____

_____

2. 描写水的词语：

_____

_____

四 句子成形 请将合适的词语填进句子中。6分

| 悬崖峭壁 | 风平浪静 | 山清水秀 |
| 清澈见底 | 惊涛骇浪 | 一泻千里 |

1. 天气晴朗的时候，湖面（　　　　　），没有一丝波纹。
2. 狂风暴雨中，海面掀起了（　　　　　），让人心惊胆战。

3. 这条小河（　　　　），就连里面的水草和游鱼都能看得很清楚。

4. 这里（　　　　），鸟语花香，让人流连忘返。

5. 黄河（　　　　），向大海奔腾而去。

6. 这座山上有很多（　　　　），难以攀爬。

五 古诗达人 请为古诗寻找合适的词语，将古诗补充完整。6分

长江　黄河　庐山　寒山　瀑布

1. 日照香炉生紫烟，遥看（　　　）挂前川。

2. 远上（　　　）石径斜，白云生处有人家。

3. 不识（　　　）真面目，只缘身在此山中。

4. 孤帆远影碧空尽，唯见（　　　）天际流。

5. 白日依山尽，（　　　）入海流。

智慧之星

获得30分可获得智慧星3颗。

获得25分及以上可获得智慧星2颗。

获得20分及以上可获得智慧星1颗。

你获得了几颗？请涂上颜色吧！

第四关
四季之美

一 词语完形 请选择"春"或"秋"字，填写在括号中。6分

（　）光明媚　　（　）暖花开　　枯木逢（　）

一叶知（　）　（　）深似海　　杏花（　）雨

各有千（　）　春花（　）月　　雨后（　）笋

春华（　）实　（　）高气爽　　（　）收冬藏

二 词语归类 请将描写夏和冬的词语分别填写在下面的横线上。6分

无可奈何	冰天雪地	引人入胜	巧夺天工
挥汗如雨	五花八门	烈日当空	奋发图强
滴水成冰	骄阳似火	一鸣惊人	寒风怒号

1. 描写夏天的词语：

_____

2. 描写冬天的词语：

_____

_____

三 句子成形 请将合适的词语填进句子中。6分

> 百鸟争鸣　　冰封雪盖　　果实累累
> 万紫千红　　汗如雨下　　鹅毛大雪

1. 春回大地，百花盛开，到处（　　　　），景色迷人。

2. 树林中（　　　　），如同在演奏一支动人的乐曲。

3. 寒冬腊月，小河已是（　　　　），我们再也不能像夏天那样玩水嬉戏了。

4. 清晨，天气阴沉，寒风刺骨，不久就下起了（　　　　），大地慢慢变白了。

5. 天气炎热，孩子们刚玩了一阵就（　　　　），气喘吁吁。

6. 秋天到了，果园里（　　　　），挂满枝头，仿佛一盏盏小灯笼。

四 古诗达人 请为下面的古诗寻找合适的词语,将古诗补充完整。
6分

秋风　　天寒　　六月　　春烟　　春色　　秋月

1. 草长莺飞二月天,拂堤杨柳醉(　　)。

2. (　　)满园关不住,一枝红杏出墙来。

3. 湖光(　　)两相和,潭面无风镜未磨。

4. 毕竟西湖(　　)中,风光不与四时同。

5. 萧萧梧叶送寒声,江上(　　)动客情。

6. 日暮苍山远,(　　)白屋贫。

五 花开朵朵 一年中每个月份会有哪种花儿开放呢？请你将合适的花名填写在括号中。6分

牡丹　芙蓉　桂花　山茶　石榴　寒梅
茉莉　桃花　菊花　迎春　水仙　荷花

正月（　　）满盆开，二月（　　）初开放。

三月（　　）红十里，四月（　　）国色香。

五月（　　）红似火，六月（　　）满池塘。

七月（　　）花如雪，八月（　　）满枝香。

九月（　　）姿百态，十月（　　）正上妆。

冬月（　　）案头供，腊月（　　）斗冰霜。

智慧之星

获得30分可获得智慧星3颗。

获得25分及以上可获得智慧星2颗。

获得20分及以上可获得智慧星1颗。

你获得了几颗？请涂上颜色吧！

第五关
风霜雨雪

一 汉字组词 请为下面的汉字组词,并填写在括号中。6分

雷（　　）烟（　　）地（　　）

露（　　）烧（　　）塘（　　）

雾（　　）灯（　　）城（　　）

霞（　　）烂（　　）坑（　　）

二 成语补充 你还知道哪些带风又带雨的成语,请写下来吧。6分

例：凄风苦雨

（　　）风（　　）雨　（　　）风（　　）雨

（　　）风（　　）雨　（　　）风（　　）雨

三 句子纠错 请圈出每句话中的错别字，并将正确的字写在后面的括号里。6分

1. 刚刚还下着飘泼大雨，不久，雨过天情，太阳升起来了，一道彩虹挂在天空，美丽极了。（　　）（　　）

2. 西北风刮了一夜，清晨，下雪了，雪花分分扬扬，慢慢盖住了大地，铺上了一层白忙忙的毯子。（　　）（　　）

3. 起风了，开始是微风习习，后来狂风奴号，一时间飞沙走石，小草都被连根拨起。（　　）（　　）

四 句子成形 请将合适的词语填进句子中。6分

> 风吹雨打　　雪上加霜　　风和日丽
> 雪中送炭　　大雨滂沱　　风调雨顺

1. 转眼间，天气骤变，原本晴空万里，忽然（　　　　　），路面很快积满了水。

2. 经过一夜的（　　　　　），一树杏花都已经凋落了。

3. 人们期盼（　　　　　），每年都能有好收成。

4. 他能在我们有困难时伸手帮忙，真是（　　　　　）啊！

5. 一连串的打击让这个本来就不富裕的家（　　　　）。

6. 今天真是（　　　　），适合去草地上放风筝。

五 古诗达人 请为下面的古诗寻找合适的汉字，将古诗补充完整。6分

风　　霜　　雨　　雪

1. 水光潋滟晴方好，山色空蒙（　　）亦奇。

2. 荷尽已无擎雨盖，菊残犹有傲（　　）枝。

3. 孤舟蓑笠翁，独钓寒江（　　）。

4. 欲将轻骑逐，大（　　）满弓刀。

5. 月落乌啼（　　）满天，江枫渔火对愁眠。

6. 不知细叶谁裁出，二月春（　　）似剪刀。

智慧之星

获得30分可获得智慧星3颗。
获得25分及以上可获得智慧星2颗。
获得20分及以上可获得智慧星1颗。

你获得了几颗？请涂上颜色吧！

第六关
日月星辰

● 一 **汉字组词** 请为下面的汉字组词,并填写在括号中。6分

时(　　)　　服(　　)　　腥(　　)

晴(　　)　　胜(　　)　　醒(　　)

暗(　　)　　胆(　　)　　晨(　　)

晚(　　)　　胖(　　)　　震(　　)

● 二 **词语完形** 请选择"日""月""星"字,填写在括号中。6分

度(　)如年　　斗转(　)移　　众(　)拱月

偷天换(　)　　日新(　)异　　来(　)方长

月明(　)稀　　猴年马(　)　　披星戴(　)

(　)罗棋布　　长年累(　)　　暗无天(　)

三 句子纠错 请圈出每句话中的错别字，并将正确的字写在后面的括号里。6分

1. 晴郎的夜晚，满天星斗闪烁着光芒，像颗颗钻石，像粒粒珍珠，缀满天暮，放眼望去，银河像一条耀眼的玉带。（　　）（　　）

2. 一轮皎结的月亮升起来了，柔和的月光越过山顶，穿过树梢，洒在草地上，洒在小河里，照进窗子里，照进孩子五彩滨纷的梦境。（　　）（　　）

3. 夏日的中午，骄阳似火，没有风，树叶蚊丝不动，蝉鸣阵阵，狗躲进树荫里不愿意出来，树木也无精打彩的。（　　）（　　）

四 句子成形 请将合适的词语填进句子中。6分

> 夜以继日　　大步流星　　日积月累
> 星星点点　　日月如梭　　与日俱增

1. 随着时间的推移，他对故乡的思念（　　　　　）。

2. 科学家做研究，经常（　　　　　），废寝忘食。

3. 如果每天坚持学一点，（　　　　　），就有可能成为一个博学的人。

4. 演讲完后，他（　　　　）地走下了讲台。

5. 夜晚来临了，远处的灯火（　　　　），依稀可见。

6. 光阴似箭，（　　　　），转眼又一年过去了。

五 古诗达人 请为下面的古诗寻找合适的词语，将古诗补充完整。6分

明月　　晓星　　落日　　星辰　　残阳　　月黑

1. 大漠孤烟直，长河（　　　）圆。

2. 一道（　　　）铺水中，半江瑟瑟半江红。

3. （　　　）松间照，清泉石上流。

4. 危楼高百尺，手可摘（　　　）。

5. （　　　）雁飞高，单于夜遁逃。

6. 云母屏风烛影深，长河渐落（　　　）沉。

智慧之星

获得30分可获得智慧星3颗。

获得25分及以上可获得智慧星2颗。

获得20分及以上可获得智慧星1颗。

你获得了几颗？请涂上颜色吧！

第七关
中华节气

一 汉字归类 请你观察各组汉字的偏旁特点，照样子各写三个。6分

1. 祖 祝 福 _____ _____ _____
2. 赠 财 购 _____ _____ _____
3. 树 权 桃 _____ _____ _____
4. 点 黑 照 _____ _____ _____

二 词语补充 请根据二十四节气，将下列词语补充完整。6分

立（ ）　（ ）水　（ ）蛰　（ ）分
（ ）明　谷（ ）　立（ ）　小（ ）
芒（ ）　（ ）至　小（ ）　大（ ）
立（ ）　处（ ）　白（ ）　（ ）分
（ ）露　（ ）降　立（ ）　小（ ）
大（ ）　（ ）至　小（ ）　大（ ）

三 词语完形 请选择"暖""热""凉""寒"中的一个字,将下面的词语补充完整。6分

冷（　）自知　　人走茶（　）　　乍（　）还寒

（　）血沸腾　　嘘寒问（　）　　满目凄（　）

饥（　）交迫　　（　）气腾腾　　水深火（　）

世态炎（　）　　天（　）地冻　　数九（　）冬

四 句子成形 请将合适的谚语序号填进句子中。6分

❶立春晴一日,耕田不费力。

❷惊蛰过,暖和和,蛤蟆老角唱山歌。

❸吃了春分饭,一天长一线。

❹立夏鹅毛住,小满鸟来全。

❺夏至馄饨冬至团,四季安康人团圆。

❻大雪纷纷落,明年吃馍馍。

1.（　　）人们认为,在夏至那天要吃馄饨,在冬至那天要吃团子,这样一年四季才能平安健康。

2.（　　）如果立春这一天是晴天,立春过后冷空气将不再频繁活跃,所以立春后天气会越来越暖和,不断回升的气温适合农民耕作。

3.（　　）春分这天,白天和夜晚是一样长的,但是过了

春分以后,白天的时间就会一天比一天长。

4.(　　)立夏之后,风就小了,连鹅毛这样的轻扬之物都不会飞起来;而等到了小满,飞走的候鸟就回到了北方。

5.(　　)大雪时节有较多的降雪,有利于越冬农作物保温保墒,减少病虫害,免遭冻害。因此,大雪时节降大雪,预示着来年有望获得丰收。

6.(　　)过了惊蛰,天气渐渐暖和了,蛤蟆、百灵鸟开始唱山歌,"老角"指的是凤头百灵。

五　**古诗达人** 请为下面的古诗标注出描写的是哪个节气或者节日。

6分

清明　　中秋　　霜降　　春节　　重阳　　雨水

1. 好雨知时节，当春乃发生。（　　）

2. 清明时节雨纷纷，路上行人欲断魂。（　　）

3. 千门万瞳瞳日，总把新桃换旧符。（　　）

4. 风卷清云尽，空天万里霜。（　　）

5. 海上生明月，天涯共此时。（　　）

6. 九月九日望乡台，他席他乡送客杯。（　　）

智慧之星

获得30分可获得智慧星3颗。

获得25分及以上可获得智慧星2颗。

获得20分及以上可获得智慧星1颗。

你获得了几颗？请涂上颜色吧！

第八关
美好童年

一 汉字组词 请为下面的汉字组词，并填写在括号中。6分

吃（　） 玩（　） 踢（　）

喝（　） 环（　） 跑（　）

唱（　） 现（　） 踏（　）

吹（　） 球（　） 跳（　）

二 词语完形 请观察词语的组成规律，补充完整下面的词语。6分

例：代代相传

步（　）登高　济（　）一堂　绰（　）有余

落（　）大方　欣（　）向荣　多（　）益善

井（　）有条　彬（　）有礼　孜（　）以求

历（　）在目　炯（　）有神　跃（　）欲试

三 **猜猜游戏** 请根据句子描述的内容，猜一种游戏。6分

> 丢手绢　　老鹰捉小鸡　　大摇绳
> 跳皮筋　　打鸭子　　　　滚铁环

1. 准备一条用橡胶制成、有弹性的、长约三米的细绳，细绳被固定之后，人可以在细绳间来回踏跳。小朋友可以三人、五人一起玩，也可以分组比赛，边跳边唱非常有趣。（　　　）

2. 在场地中间规定一个区域，一些人站在区域内当小鸭子，"鸭子"能在规定的区域内活动，但不能走出场地。场地四周，另外一些人拿着软沙包当"猎人"，被沙包砸中的"鸭子"将被淘汰出局。（　　　）

3. 几人围成一圈，选一个人在后面转着走并把手绢丢在另一个人身后，然后逃跑。被放手绢的人要拿起手绢追着丢手绢的人跑，而丢手绢的人要抢先坐在空位置上。如果被放手绢的人没有追到丢手绢的人，就会自动变成下一个丢手绢的人，继续进行游戏。（　　　）

4. 游戏至少需要三个人，一人当母鸡，一人当老鹰，其余人当小鸡。"小鸡"依次在"母鸡"身后牵着衣襟排成一队，"老鹰"站在"母鸡"对面，做捉"小鸡"姿势。（　　　）

5. 手拿顶端是"U"字形的铁棍或铁丝，推一个黑铁环向

前跑,还可在铁环上套两三个小环,滚动时更响亮。个人活动、集体竞赛都可以。(　　　)

6.两人摇一根长绳子,其他队员列队从绳的一侧依次跳至另一侧,跳过的队员在同侧另一端排队准备再次跳进,循环接替。(　　　)

四 句子成形 请将合适的词语填进句子中,使句子通顺。6分

> 诚实守信　知错就改　彬彬有礼
> 欢呼雀跃　人见人爱　上蹿下跳

1.课间休息的时候,他们在教室里(　　　),一刻不停。

2.我们要言谈文雅,(　　　),不能不分场合,胡说八道,以免被人笑话。

3.(　　　)是每个人心中的美德,世界因为有了诚信才更加精彩。

4.老师夸我:"(　　　),善莫大焉。"

5.操场上有一群生龙活虎的孩子,他们(　　　)的声音响彻云霄。

6.妹妹瞪着闪亮的眼睛,嘴巴甜甜地叫人,小区里的爷爷奶奶都喜欢她,真是(　　　)。

五 古诗达人 请为下面的古诗寻找合适的词语，将古诗补充完整。
6分

儿童　小娃　稚子　牧童

1. （　　）骑黄牛，歌声振林樾。　——袁枚《所见》

2. 蓬头（　　）学垂纶，侧坐莓苔草映身。

　　　　　　　　　　——胡令能《小儿垂钓》

3. （　　）撑小艇，偷采白莲回。　——白居易《池上》

4. 知有（　　）挑促织，夜深篱落一灯明。

　　　　　　　　　　——叶绍翁《夜书所见》

5. （　　）散学归来早，忙趁东风放纸鸢。

　　　　　　　　　　——高鼎《村居》

6. （　　）急走追黄蝶，飞入菜花无处寻。

　　　　　　　　　　——杨万里《宿新市徐公店》

> **智慧之星**
>
> 获得30分可获得智慧星3颗。
>
> 获得25分及以上可获得智慧星2颗。
>
> 获得20分及以上可获得智慧星1颗。
>
> 你获得了几颗？请涂上颜色吧！　☆☆☆

第九关
人间真情

一 汉字组词 填字组词,体会它告诉我们的情绪。6分

惜（　）　　慌（　）　　忘（　）

惊（　）　　怜（　）　　志（　）

忙（　）　　怒（　）　　念（　）

忆（　）　　悲（　）　　恩（　）

二 词语归类 请将表达高兴和描写悲伤的词语分别填写在下面的横线上。6分

胆小如鼠	喜出望外	绿草如茵	眉开眼笑
咄咄逼人	悲痛欲绝	痛哭流涕	手足情深
触目伤心	道听途说	兴国安邦	心花怒放

1. 表达"高兴"的词语:

2. 描写"悲伤"的词语：

_____

_____

三 句子成形 请选择"喜""怒""乐"中的一个字，填写在括号中，使句子顺畅。6分

1. 看着自己的文章发表在报纸上，萱萱真是欣（　）若狂。

2. 看到别人受伤了，不能幸灾（　）祸，而应该伸出援手。

3. 面对大家的指责，他恼羞成（　），马上离开了教室。

4. 老虎大王丢了一个价值连城的王冠，他（　）火冲天，急急忙忙地找到了小兔子。

5. 人们奔走相告，个个（　）形于色，有的人情不自禁放起了鞭炮。

6. 看到小丑滑稽逗趣的动作，全场观众都（　）不可支。

四 词语完形 请选择"喜""怒""哀""乐"中的一个字，将下面的词语补充完整。6分

津津（　）道　　（　）极生悲　　（　）笑颜开

闷闷不（　）　　满腔（　）火　　寻欢作（　）

（　）上眉梢　　（　）兵必胜　　天伦之（　）

（　）气冲冲　　（　）此不疲　　金刚（　）目

五 古诗达人 请为下面的古诗寻找合适的情绪，将古诗补充完整。
6分

乐　　笑　　恨　　喜　　悲　　怨

1. 自古逢秋（　）寂寥，我言秋日胜春朝。

2. 羌笛何须（　）杨柳，春风不度玉门关。

3. 长（　）春归无觅处，不知转入此中来。

4. 却看妻子愁何在，漫卷诗书（　）欲狂。

5. 时人不识余心（　），将谓偷闲学少年。

6. 儿童相见不相识，（　）问客从何处来。

智慧之星

获得30分可获得智慧星3颗。

获得25分及以上可获得智慧星2颗。

获得20分及以上可获得智慧星1颗。

你获得了几颗？请涂上颜色吧！

第十关
英雄浩然

一 汉字组词 请为下面的汉字组词,并填写在括号中。6分

信（　） 勇（　） 安（　）

休（　） 努（　） 宝（　）

似（　） 务（　） 守（　）

假（　） 另（　） 宁（　）

二 连线搭配 请把京剧中脸谱颜色和代表的人物连线。6分

金色　　　　宇文成都

红色　　　　关羽

白色　　　　包拯

蓝色　　　　窦尔敦

黄色　　　　曹操

黑色　　　　孙悟空

三 词语归类 请按照感情色彩把词语分成"英勇"和"怯懦"两类。6分

> 古木参天　无所畏惧　望梅止渴　畏首畏尾
> 天长日久　贪生怕死　胆小怕事　十全十美
> 临危不惧　苟且偷安　奋勇当先　举世闻名

1. 描写"英勇"的词语：
_____
_____

2. 描写"怯懦"的词语：
_____
_____

四 句子成形 请将合适的词语填进句子中。6分

> 身先士卒　镇定自若　以卵击石
> 足智多谋　浩然正气　气壮山河

1. 冲锋号响了，李团长（　　　　　），第一个冲了出去。

2. 养（　　　　），成经纬之才，我们要用勤奋和智慧书写壮丽人生。

3. 狼牙山五壮士的英雄事迹惊天动地，（　　　　）！

4. 面对问题，我们应当（　　　　），不能慌里慌张，自乱阵脚。

5. 这种做法简直是（　　　　），自不量力，只能自取灭亡。

6. 他一直都（　　　　），可是这一次，就连他也没有办法了。

五 古诗达人 请为下面的古诗寻找作者。6分

谭嗣同　　文天祥　　毛泽东
李清照　　陈　毅　　林则徐

1. 生当作人杰，死亦为鬼雄。——（　　　　）

2. 苟利国家生死以，岂因祸福避趋之。——（　　　　）

3. 人生自古谁无死，留取丹心照汗青。——（　　　）

4. 要知松高洁，待到雪化时。——（　　　）

5. 红军不怕远征难，万水千山只等闲。——（　　　）

6. 我自横刀向天笑，去留肝胆两昆仑。——（　　　）

智慧之星

获得 30 分可获得智慧星 3 颗。

获得 25 分及以上可获得智慧星 2 颗。

获得 20 分及以上可获得智慧星 1 颗。

你获得了几颗？请涂上颜色吧！

第十一关
寓言有益

一 **巧手组字** 观察给出的例子,请你也来组成一个字。6分

例:三直——(矗)

三人——(　) 三木——(　) 三日——(　)

三水——(　) 三口——(　) 三金——(　)

二 **词语完形** 请把动物名称填写在括号中,补充寓言词语。6分

黔(　)技穷　　井底之(　)　　杯弓(　)影

缘木求(　)　　(　)假虎威　　塞翁失(　)

叶公好(　)　　守株待(　)　　打草惊(　)

指鹿为(　)　　亡(　)补牢　　鹬(　)相争

三 词语连线 请将对应的词语连线，组成有趣的歇后语。6分

阿二吹笙	急于求成
掩耳盗铃	无济于事
东郭先生	乘人之危
落井下石	好心不得好报
拔苗助长	滥竽充数
杯水车薪	自欺欺人

四 寓言释意 请将合适的寓言成语填写到寓意前面。6分

自相矛盾　班门弄斧　抛砖引玉
买椟还珠　刻舟求剑　囫囵吞枣

1.（　　　　）：比喻在行家面前卖弄本领，不自量力。

2.（　　　　）：把枣整个吞下去，不加咀嚼，不辨滋味。比喻读书等不加分析思考。

3.（　　　　）：抛出砖去，引回玉来。比喻用自己不成熟的意见或作品引出别人更好的意见或好作品。

4.（　　　　　）：比喻行事或言语先后不一致、互相抵触。

5.（　　　　　）：比喻拘泥成例，不知道跟着形势的变化而改变看法或办法。

6.（　　　　　）：买来装珍珠的木匣，退还了珍珠。比喻取舍不当，次要的东西比主要的还要好。

五 古诗达人 请把对应的事理，填写在古诗后面的括号里。6分

| 亲身实践 | 勤学知新 | 登高望远 |
| 珍惜时间 | 持之以恒 | 角度不同 |

1. 横看成岭侧成峰，远近高低各不同。（　　　　　）
2. 纸上得来终觉浅，绝知此事要躬行。（　　　　　）

3. 问渠那得清如许，为有源头活水来。（   ）

4. 欲穷千里目，更上一层楼。（   ）

5. 少壮不努力，老大徒伤悲。（   ）

6. 千淘万漉虽辛苦，吹尽狂沙始到金。（   ）

智慧之星

获得 30 分可获得智慧星 3 颗。

获得 25 分及以上可获得智慧星 2 颗。

获得 20 分及以上可获得智慧星 1 颗。

你获得了几颗？请涂上颜色吧！

第十二关
神话天地

一 汉字归类 请你观察各组汉字的偏旁特点，照样子各写三个。6分

1. 迎 遇 迹 _____ _____ _____
2. 驶 驱 骑 _____ _____ _____
3. 铜 钢 银 _____ _____ _____
4. 辕 辙 转 _____ _____ _____

二 成语补充 请把这些神话人物的本领补充完整。6分

上（ ）入（ ）　　腾（ ）驾（ ）

呼（ ）唤（ ）　　翻（ ）覆（ ）

遮（ ）蔽（ ）　　神（ ）广（ ）

三 **猜猜人物** 请根据下面的简要描述猜一猜神话人物。6分

神农氏　孙悟空　二郎神
女　娲　猪八戒　哪　吒

1. 火眼金睛，七十二变，嫉恶如仇，手拿如意金箍棒。
（　　　）

2. 三头六臂，身披混天绫，手持火尖枪，脚踩风火轮。
（　　　）

3. 黑脸短毛，两耳如扇，好吃懒做，使一把九齿钉耙。
（　　　）

4. 面有三目，容貌俊秀，正直仁义，身佩三尖两刃戟，座下有神兽哮天犬。（　　　）

5. 人首蛇身，相传曾炼五色石补天，并抟土造人，造化世上生灵万物。（　　　）

6. 传说他的肚皮是透明的，五脏六腑都能看得见，可以看见各种植物在肚子里的反应。因此他亲尝百草，以辨别药

物的作用。（　　　）

四 神话入座 你读懂这些神话故事了吗？请为事理选择相应的神话。6分

> 女娲补天　开天辟地　大禹治水
> 精卫填海　愚公移山　夸父逐日

1.（　　　　）：努力从混沌中开创新天地，要敢于开拓，才能创造出更加美好、壮丽的新事物。

2.（　　　　）：以一己之力补天，赞扬一位神女冒着生命危险拯救人类的舍己为人、不怕牺牲的精神。

3.（　　　　）：尽管是弱小的鸟儿，也要通过一点点的努力完成目标。比喻不畏艰难，不达目的誓不罢休的决心。

4.（　　　　）：困难如山，也毫不退缩。下定决心去做一件事情，不在乎是否成功，要持之以恒、艰苦奋斗。

5.（　　　　）：面对洪水泛滥，要深入研究、考察，总结经验教训，采用科学的方法，坚持不懈，终将成功。

6.（　　　　）：认定一个目标，努力奔跑，有决心、有毅力，向着目标矢志不渝地努力。

五　**古诗达人** 古诗中有浪漫夸张的想象力，寻找合适的汉字，将古诗补充完整。6分

结　　深　　落　　摘　　倾　　摩

1. 天台四万八千丈，对此欲倒东南（　　）。
2. 危楼高百尺，手可（　　）星辰。
3. 桃花潭水（　　）千尺，不及汪伦送我情。
4. 飞流直下三千尺，疑是银河（　　）九天。
5. 月下飞天镜，云生（　　）海楼。
6. 三万里河东入海，五千仞岳上（　　）天。

智慧之星

获得30分可获得智慧星3颗。
获得25分及以上可获得智慧星2颗。
获得20分及以上可获得智慧星1颗。

你获得了几颗？请涂上颜色吧！

参考答案

第一关　人间草木

一、支——树枝　又——权力　早——小草
　　风——枫叶　公——松树　央——落英
　　直——植物　方——芳香　约——草药
　　每——梅花　古——干枯　连——莲子

二、花团锦簇　姹紫嫣红　青翠欲滴
　　一碧千里　郁郁葱葱　落英缤纷

三、1.花　2.草　3.花　4.草　5.花　6.木

四、柳暗花明　妙笔生花　藕断丝连　投桃报李
　　望梅止渴　胸有成竹　花好月圆　桃红柳绿
　　草长莺飞　落叶归根　枝繁叶茂　鸟语花香

五、1.两个黄鹂鸣翠（柳），一行白鹭上青天。

　　2.墙角数枝（梅），凌寒独自开。

　　3.春色满园关不住，一枝红（杏）出墙来。

　　4.竹外（桃）花三两枝，春江水暖鸭先知。

　　5.竹喧归浣女，（莲）动下渔舟。

　　6.接天莲叶无穷碧，映日（荷）花别样红。

第二关　鸟兽鱼虫

一、1.牺　牦　牲　　2.鸡　鸭　鸦

3.狗　猪　狸　　4.蜂　虾　蚊

二、出人头地　三头六臂　了如指掌　铁石心肠
　　一目了然　扬眉吐气　掩耳盗铃　鹦鹉学舌
　　另眼相看　一手遮天　肝胆相照　画龙点睛

三、1.车水马龙　2.画蛇添足　3.笨鸟先飞
　　4.鸦雀无声　5.黔驴技穷　6.对牛弹琴

四、狼吞虎咽　胆小如鼠　漏网之鱼　鹤立鸡群
　　龙飞凤舞　害群之马　一箭双雕　蜻蜓点水
　　惊弓之鸟　如虎添翼　如鱼得水　群龙无首

五、1.西塞山前（白鹭）飞，桃花流水（鳜鱼）肥。
　　2.泥融飞燕子，沙暖睡（鸳鸯）。
　　3.儿童急走追（黄蝶），飞入菜花无处寻。
　　4.几处（早莺）争暖树，谁家（新燕）啄春泥。
　　5.蒌蒿满地芦芽短，正是（河豚）欲上时。
　　6.日长篱落无人过，惟有（蜻蜓）蛱蝶飞。

第三关　壮美山河

一、岸（河岸）　确（确实）　波（波浪）
　　岩（岩石）　破（破坏）　潮（潮水）
　　岗（山岗）　硬（坚硬）　流（河流）
　　崖（悬崖）　矿（矿产）　溪（小溪）

二、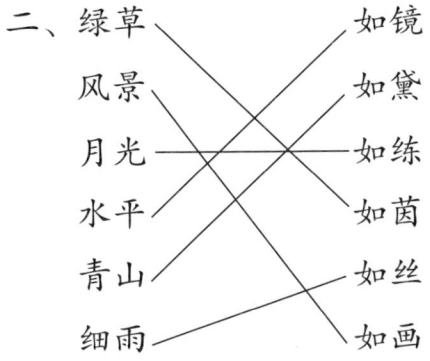

三、1.高耸入云　重峦叠嶂　连绵起伏

2.波涛汹涌　波光粼粼　奔流不息

四、1.风平浪静　2.惊涛骇浪　3.清澈见底

4.山清水秀　5.一泻千里　6.悬崖峭壁

五、1.日照香炉生紫烟,遥看(瀑布)挂前川。

2.远上(寒山)石径斜,白云生处有人家。

3.不识(庐山)真面目,只缘身在此山中。

4.孤帆远影碧空尽,唯见(长江)天际流。

5.白日依山尽,(黄河)入海流。

第四关　四季之美

一、春光明媚　春暖花开　枯木逢春　一叶知秋

春深似海　杏花春雨　各有千秋　春花秋月

雨后春笋　春华秋实　秋高气爽　秋收冬藏

二、1.挥汗如雨　烈日当空　骄阳似火

2.冰天雪地　滴水成冰　寒风怒号

三、1.万紫千红　2.百鸟争鸣　3.冰封雪盖
　　4.鹅毛大雪　5.汗如雨下　6.果实累累

四、1.草长莺飞二月天，拂堤杨柳醉（春烟）。
　　2.（春色）满园关不住，一枝红杏出墙来。
　　3.湖光（秋月）两相和，潭面无风镜未磨。
　　4.毕竟西湖（六月）中，风光不与四时同。
　　5.萧萧梧叶送寒声，江上（秋风）动客情。
　　6.日暮苍山远，（天寒）白屋贫。

五、正月（山茶）满盆开，二月（迎春）初开放。
　　三月（桃花）红十里，四月（牡丹）国色香。
　　五月（石榴）红似火，六月（荷花）满池塘。
　　七月（茉莉）花如雪，八月（桂花）满枝香。
　　九月（菊花）姿百态，十月（芙蓉）正上妆。
　　冬月（水仙）案头供，腊月（寒梅）斗冰霜。

第五关　风霜雨雪

一、雷（打雷）　烟（烟花）　地（大地）
　　露（露珠）　烧（烧火）　塘（池塘）
　　雾（大雾）　灯（台灯）　城（城市）
　　霞（彩霞）　烂（灿烂）　坑（土坑）

二、和风细雨　春风化雨
　　呼风唤雨　暴风骤雨

三、1.飘（瓢）情（晴） 2.分分（纷纷）忙忙（茫茫）

　　3.怒（怒）拔（拔）

四、1.大雨滂沱 2.风吹雨打 3.风调雨顺

　　4.雪中送炭 5.雪上加霜 6.风和日丽

五、1.水光潋滟晴方好，山色空蒙（雨）亦奇。

　　2.荷尽已无擎雨盖，菊残犹有傲（霜）枝。

　　3.孤舟蓑笠翁，独钓寒江（雪）。

　　4.欲将轻骑逐，大（雪）满弓刀。

　　5.月落乌啼（霜）满天，江枫渔火对愁眠。

　　6.不知细叶谁裁出，二月春（风）似剪刀。

第六关　日月星辰

一、时（时间）　服（服务）　　腥（腥味）

　　晴（晴天）　胜（胜利）　　醒（醒悟）

　　暗（黑暗）　胆（胆量）　　晨（清晨）

　　晚（晚霞）　胖（肥胖）　　震（震动）

二、度日如年　斗转星移　众星拱月

　　偷天换日　日新月异　来日方长

　　月明星稀　猴年马月　披星戴月

　　星罗棋布　长年累月　暗无天日

三、1.郎（朗）暮（幕） 2.结（洁）滨（缤）

　　3.蚊（纹）彩（采）

四、1.与日俱增　2.夜以继日　3.日积月累

　　4.大步流星　5.星星点点　6.日月如梭

五、1.落日　2.残阳　3.明月　4.星辰　5.月黑　6.晓星

第七关　中华节气

一、1.礼　社　视　2.账　贬　贩

　　3.桂　林　村　4.焦　热　羔

二、立春　雨水　惊蛰　春分　清明　谷雨　立夏　小满

　　芒种　夏至　小暑　大暑　立秋　处暑　白露　秋分

　　寒露　霜降　立冬　小雪　大雪　冬至　小寒　大寒

三、冷暖自知　人走茶凉　乍暖还寒

　　热血沸腾　嘘寒问暖　满目凄凉

　　饥寒交迫　热气腾腾　水深火热

　　世态炎凉　天寒地冻　数九寒冬

四、1.❺　2.❶　3.❸　4.❹　5.❻　6.❷

五、1.雨水　2.清明　3.春节　4.霜降　5.中秋　6.重阳

第八关　美好童年

一、吃（吃饭）　玩（玩具）　踢（踢球）

　　喝（喝水）　环（环绕）　跑（跑步）

　　唱（唱歌）　现（现状）　踏（踏青）

　　吹（吹牛）　球（足球）　跳（跳远）

二、步步登高　济济一堂　绰绰有余
　　落落大方　欣欣向荣　多多益善
　　井井有条　彬彬有礼　孜孜以求
　　历历在目　炯炯有神　跃跃欲试

三、1.跳皮筋　2.打鸭子　3.丢手绢
　　4.老鹰捉小鸡　5.滚铁环　6.大摇绳

四、1.上蹿下跳　2.彬彬有礼　3.诚实守信
　　4.知错就改　5.欢呼雀跃　6.人见人爱

五、1.牧童　2.稚子　3.小娃　4.儿童　5.儿童　6.儿童

第九关　人间真情

一、惜（珍惜）　慌（慌张）　忘（难忘）
　　惊（惊叹）　怜（可怜）　志（志向）
　　忙（匆忙）　怒（怒火）　念（想念）
　　忆（回忆）　悲（悲伤）　恩（感恩）

二、1.喜出望外　眉开眼笑　心花怒放
　　2.悲痛欲绝　痛哭流涕　触目伤心

三、1.欣（喜）若狂　2.幸灾（乐）祸　3.恼羞成（怒）
　　4.（怒）火冲天　5.（喜）形于色　6.（乐）不可支

四、津津乐道　乐极生悲　喜笑颜开
　　闷闷不乐　满腔怒火　寻欢作乐
　　喜上眉梢　哀兵必胜　天伦之乐

怒气冲冲　乐此不疲　金刚怒目

五、1.自古逢秋（悲）寂寥，我言秋日胜春朝。

2.羌笛何须（怨）杨柳，春风不度玉门关。

3.长（恨）春归无觅处，不知转入此中来。

4.却看妻子愁何在，漫卷诗书（喜）欲狂。

5.时人不识余心（乐），将谓偷闲学少年。

6.儿童相见不相识，（笑）问客从何处来。

第十关　英雄浩然

一、信（信心）　勇（勇气）　安（安全）

休（休息）　努（努力）　宝（宝贵）

似（似乎）　务（任务）　守（守护）

假（假日）　另（另类）　宁（宁静）

二、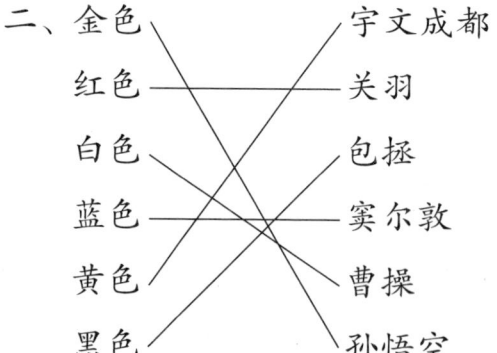

三、1.无所畏惧　临危不惧　奋勇当先

2.畏首畏尾　贪生怕死　胆小怕事　苟且偷安

四、1.身先士卒　2.浩然正气　3.气壮山河

4.镇定自若　5.以卵击石　6.足智多谋

五、1.李清照　2.林则徐　3.文天祥

4.陈　毅　5.毛泽东　6.谭嗣同

第十一关　寓言有益

一、三人——（众）　三木——（森）　三日——（晶）

三水——（淼）　三口——（品）　三金——（鑫）

二、黔驴技穷　井底之蛙　杯弓蛇影

缘木求鱼　狐假虎威　塞翁失马

叶公好龙　守株待兔　打草惊蛇

指鹿为马　亡羊补牢　鹬蚌相争

三、阿二吹笙——滥竽充数
掩耳盗铃——自欺欺人
东郭先生——好心不得好报
落井下石——乘人之危
拔苗助长——急于求成
杯水车薪——无济于事

四、1.班门弄斧　2.囫囵吞枣　3.抛砖引玉

4.自相矛盾　5.刻舟求剑　6.买椟还珠

五、1.角度不同　2.亲身实践　3.勤学知新

4.登高望远　5.珍惜时间　6.持之以恒

第十二关　神话天地

一、1.连　近　选　2.驴　驰　骄
　　3.铁　钻　铝　4.轨　软　辐

二、上天入地　腾云驾雾　呼风唤雨
　　翻云覆雨　遮天蔽日　神通广大

三、1.孙悟空　2.哪吒　3.猪八戒
　　4.二郎神　5.女娲　6.神农氏

四、1.开天辟地　2.女娲补天　3.精卫填海
　　4.愚公移山　5.大禹治水　6.夸父逐日

五、1.天台四万八千丈，对此欲倒东南（倾）。
　　2.危楼高百尺，手可（摘）星辰。
　　3.桃花潭水（深）千尺，不及汪伦送我情。
　　4.飞流直下三千尺，疑是银河（落）九天。
　　5.月下飞天镜，云生（结）海楼。
　　6.三万里河东入海，五千仞岳上（摩）天。

有故事的词语 1

周姚萍 / 著

阅读有趣的故事，
学习常用的词语，
探索语言的奥秘！

亲爱的小朋友，你喜欢读书吗？你喜欢写作吗？

如果你还没有掌握遣词造句的窍门，就请好好阅读这套书！通过它，你会收获满满的词语知识。如果你已经是写作高手了，那这套书将帮助你继续提升语文水平。

《有故事的词语》是儿童文学作家周姚萍专门为少年儿童编写的词语故事书，集知识性、实用性和趣味性于一体。书里有许多有意思、有生命力的词语，为了让你更好地认识它们，作者用心搜集编写了许多浅显易懂的小故事。"小小公告栏""日积月累""妙笔生花"等小栏目，能从词语应用的角度，帮助你拓展语文知识，积累词汇量，掌握词语的正确使用方法。全书配有充满童趣的插图，可以让你充分体验阅读的轻松与快乐。

话不多说，从现在开始，让我们踏上精彩纷呈的拾慧之旅吧！相信通过这套书，你一定会爱上阅读，爱上写作！

故事导入

用生动有趣的文字讲述词语背后的故事,让你在轻松愉快的阅读过程中,学习如何遣词造句。

小小公告栏

对故事中出现的知识点做清晰明确的梳理,普及历史典故和文学常识。

词语释义

严谨考究的解释,帮助你全面理解词语的含义;大字描红,教你书写正确美观的汉字。

日积月累

延伸相关的字词知识,包括近义词、反义词、成语、歇后语、名言警句、古诗词等,真正做到读一个故事,学多种知识。

妙笔生花

经典造句与名家例句搭配呈现,展示常见的词语应用场景,让你学会在生活和写作中恰当地使用词语。

附赠《词语练习册》一份,请你在实践中检验自己的语文能力吧!

目录

一窝蜂　　我们一起向前冲　　001

三只手　　天下第一神偷　　005

冤大头　　"姚大头"变"冤大头"　　008

耳边风　　逃跑的王子　　011

白　眼　　送他一个大白眼　　014

吃　醋　　怕老婆的宰相　　017

吝　啬　　两手空空去吃酒　　020

坐冷板凳　打错了如意算盘　　023

吹　牛　　渡河竟要靠吹牛？　　026

两面光　　两边讨好惹祸事　　029

拍马屁　　好马，好马！　　032

油　条　　吃油条泄愤　　034

炒鱿鱼　一道没有人情味的菜　036

金龟婿　好夫婿的标准　038

倒　霉　被放倒的旗杆　040

煞风景　是什么"杀"了王安石的雅兴？　042

涂　鸦　墨汁变老鸦　045

敲竹杠　竹杠里的秘密　048

折　柳　临别之际送柳条　051

不管三七二十一　苏秦的算术能力　054

石榴裙　爱穿石榴裙的杨贵妃　057

打破砂锅问到底　问、问、问，一路问到底！　060

三寸不烂之舌　三寸舌胜过百万兵　063

三句话不离本行　说来说去露本行　066

双　簧　　你唱我演真有趣　**069**

依样画葫芦　　翰林学士的作用　　**072**

狗肉朋友　　白吃白喝的皇帝　　**074**

小巫见大巫　　谁弱谁强见分晓　　**077**

一不做，二不休　　叛将的遗言　**080**

有眼不识泰山　　鲁班也看走眼了　**083**

一窝蜂

我们一起向前冲

南宋著名诗人陆游在《入蜀记》中记载了这样一个故事:"建炎①中,大盗张遇,号'一窝蜂',拥兵过庙下。"意思是:建炎年间,有一个"大盗"名叫张遇,绰号为"一窝蜂",带兵掠过庙下(地名)。

当时，地主占有大部分土地，农民只能向地主租地耕种，他们不仅有沉重的租地负担，还要向朝廷缴税(jiǎo shuì)，吃不饱，穿不暖，日子过得很辛苦。

日积月累，人们再也无法忍受这样的生活了，纷纷站出来反抗，各地的农民起义风起云涌。其中，有一支起义军的首领叫张遇，他带领起义军转战城市和乡村，行动迅速，声势浩大，让官府的人胆战心惊。

老百姓根据这支起义军的特点，给张遇取了一个绰号，叫"一窝蜂"，表示他带领的起义军人数众多，拥有浩大的声势，就像一个蜂窝里的蜂一起出动，铺天盖地，吓得人惊慌失措。后来，人们就用"一窝蜂"来比喻人多势众[2]。

小小公告栏

[1] "建炎"是南宋皇帝宋高宗的第一个年号，只使用了4年。我国古代常采用帝王纪年的方法，就是按照帝王即位的年次或年号来纪年，比如庆历四年、康熙二十八年等。

[2] "人多势众"的意思是人多势力大，它和"一窝蜂"的意思有相近之处。

一窝蜂

形容许多人乱哄哄地（同时说话或行动）。

◎ "一窝蜂"现在常用来形容不经过理性思考，盲目从众，别人怎么说就跟着怎么做，含有贬义。

日积月累

◆ 故事中的成语

风起云涌
比喻许多事物相继兴起，声势浩大。

胆战心惊
形容十分害怕。战，发抖。

妙笔生花

1. 听说这家超市有优惠活动，人们一窝蜂地赶来抢购。
2. 那些小妖，就是一窝蜂，齐齐拥上。（〔明〕吴承恩《西游记》）

天下第一神偷

相传,北宋时期有个窃(qiè)贼,因为偷东西的技巧高超,所以被人们称为"神偷"。据说,只要他靠近某个人,就能神不知鬼不觉地把对方身上的东西偷到手。不仅是普通老百姓,就连其他窃贼也对他"佩服"得五体投地①。

民间流传着许多关于这个神偷的故事。有人说,这个神偷像是多长了一只手,正因为有了这只手,他才能轻而易举地偷遍大江南北。

人们对这个传闻很感兴趣，毕竟谁也没见过长着三只手的人，因此，这个神偷又多了一个称呼——"三只手"。后来，这个称呼一传十，十传百②，逐渐演变为扒(pá)手的代名词。

小小公告栏

① "五体投地"是指双肘、双膝及头部一起着地，比喻钦佩到极点。

② "一传十，十传百"原指疾病传染，现在多形容消息传播极快。

三只手

代指从别人身上偷东西的小偷；扒手。

◎ "三只手"是指在对方不知情的状况下，窃取其身上的财物，一般不指入室偷盗，意义与"小偷"不尽相同。

日积月累

◆ 含有"三只手"的歇后语

1. 三只手管粮仓——放心不下
2. 小偷碰上三只手——贼对贼

妙笔生花

1. 在人员密集的公共场所，我们要特别小心"三只手"。
2. 人流拥挤的车站经常有"三只手"出现。

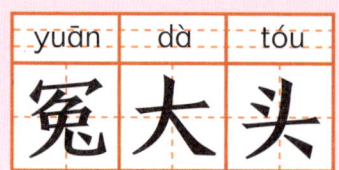

"姚大头"变"冤大头"

相传,宋朝有个人,名叫"姚大头"。他头脑不太聪明,花起钱来大手大脚的,别人跟他借钱,他也从来不拒绝。只要对方说出一个数字,他就会想方设法地满足其要求。他就像一家不用办手续,也不用还本金、利息的银行。正因如此,找他借钱的人越来越多。

那些得到好处的人,非但不感谢姚大头,反

而觉得他实在太笨、太好骗了,戏称骗来的钱是"大头钱",觉得不花白不花。可怜的姚大头被骗光了家产,最后落了个一无所有的境地。后来,人们便嘲笑像姚大头这样花冤枉钱的人为"大头"或"冤①大头"。

小小公告栏

① "冤"是个会意字,"冖"表示覆盖,"兔"是指兔子。"冤"在篆文中写作"冤",表示兔子被盖住了,肢体无法伸展。"冤"字最初是弯曲的意思,后来才有了上当、吃亏的意思,比如我们常说的"花冤枉钱"等。

冤大头

1. 枉费钱财的人（含讥讽意）。
2. 指不明不白代人受责备或惩罚。

◎ "冤大头"原指枉费钱财的人，经过演变，指称的范围逐渐变广，现在只要是容易上当受骗或不明不白被冤枉的人，都会被称为"冤大头"。

日积月累

◆ 故事中的成语

大手大脚	想方设法
形容对财物毫不吝惜，没有节制地随便花费。	积极动脑筋，想尽种种办法。

妙笔生花

1. 景区商品的价格比较高，购买时一定要慎重，免得成了冤大头。
2. 一种企业放在不会经营的冤大头手里，真是可惜又可叹！
   （茅盾《子夜》）

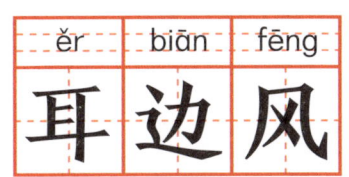

逃跑的王子

春秋时期,吴王寿梦有四个儿子,其中,小儿子季札(zhá)最为贤明。寿梦想把王位传给季札,可是季札一点儿也不想当国君,寿梦也拿他没办法。

寿梦去世后,王位由大儿子暂时继承。大儿子继位后,想把王位还给季札。季札却找了个借口,躲到山里种田去了。于是,王位由寿梦的大儿子传给了二儿子,又由二儿子传给了三儿子。等到寿梦

的第三个儿子也离开人世，王位非由季札继承不可了，季札还是不肯接受。

有人问季札："你为什么不喜欢王权富贵？"季札说："富贵之于我，如秋风之过耳。"[1]后来，人们就用"耳边风"比喻对听到的话并不在意。

小小公告栏

[1] 这句话出自《吴越春秋·吴王寿梦传》，意思是：富贵对我来说，就像秋风从耳边吹过一样。

耳边风

耳边吹过的风，比喻听过后不放在心上的话（多指劝告、嘱咐）。也作"耳旁风"。

◎ "耳边风"原本是指富贵名利如吹过耳边的秋风，现在常用来指虽然听到某些话或某些事，却不放在心上，没有原先淡泊名利、视富贵如浮云的意思了。

日积月累

◆ 意思相近的成语

充耳不闻	马耳东风
塞住耳朵不听，形容拒绝听取别人的意见。	东风吹过马耳，比喻不把别人的话放在心上。

妙笔生花

1. 我们不能把老师和家长的话当成耳边风。
2. 别因为是听腻了的，无动于衷，当作耳边风！
   （傅雷《傅雷家书》）

送他一个大白眼

三国时期，名士阮籍虽然放荡不羁①，却很孝顺。据说，阮籍的母亲去世时，他的亲朋好友都来致哀，在朝中做官的嵇喜也来了。

当时，朝政都在权臣司马懿父子的掌控之中，他们用各种手段对付反对者，还以所谓的"礼法"来约束和教训有不同看法的人。很多没有骨气的文人纷纷投靠司马懿父子，以谋取功名利禄，嵇喜正是其中之一。

因此，阮籍一看到嵇喜就觉得十分厌恶，毫不客气地给了他一个大白眼。嵇喜当下就涨红了脸，怒气冲冲地离开了。

嵇喜的弟弟嵇康听说这件事情后，带着酒、夹着琴去拜访阮籍。嵇康和哥哥嵇喜不同，他生性旷达、品格高尚，人们都说他是正人君子。

阮籍见了嵇康，非常高兴，便用青眼②对待他。二人弹琴作歌，兴尽而散。

小小公告栏

① "放荡不羁"指言行随便，不受约束。羁，马笼头。

② "青眼"与"白眼"相对应。"青眼"指黑色的眼珠在眼眶中间，两眼正视，表示喜爱和器重某人。阮籍知道嵇康不是那种假惺惺的人，所以用"青眼"看待他。

白眼

眼睛向上或向旁边看，现出白眼珠，是看不起人的一种表情。

◎ "白眼"表示对人的轻视或憎恶。"白眼珠"则是指眼球上白色的部分。二者不能混用。

日积月累

◆ 意思相近的成语

不屑一顾	嗤之以鼻
不值得一看，形容看不起某事物。	用鼻子出声冷笑，表示轻蔑、瞧不起。

妙笔生花

1. 她很爱生气，又经常给人白眼，所以大家都不喜欢她。
2. 大概因为衣服的破旧罢，一登门便很遭门房的白眼。

（鲁迅《伤逝》）

chī cù

吃醋

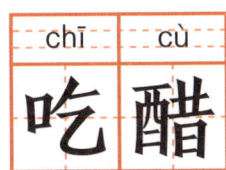

怕老婆的宰相

据说，唐朝的开国功臣、宰相房玄龄很害怕老婆。有一天，唐太宗趁着酒兴，赐给房玄龄两位美人。房玄龄醉醺(xūn)醺的，收下了这份“大礼”。酒醒后，房玄龄开始发愁，不知道如何安置她们。朝中的大臣安慰他说：“既然她们是皇上赏赐的，房夫人应该不会介意。”

房玄龄硬着头皮把两位美人带回家，房夫人见了顿时火冒三丈，不由分说便将两

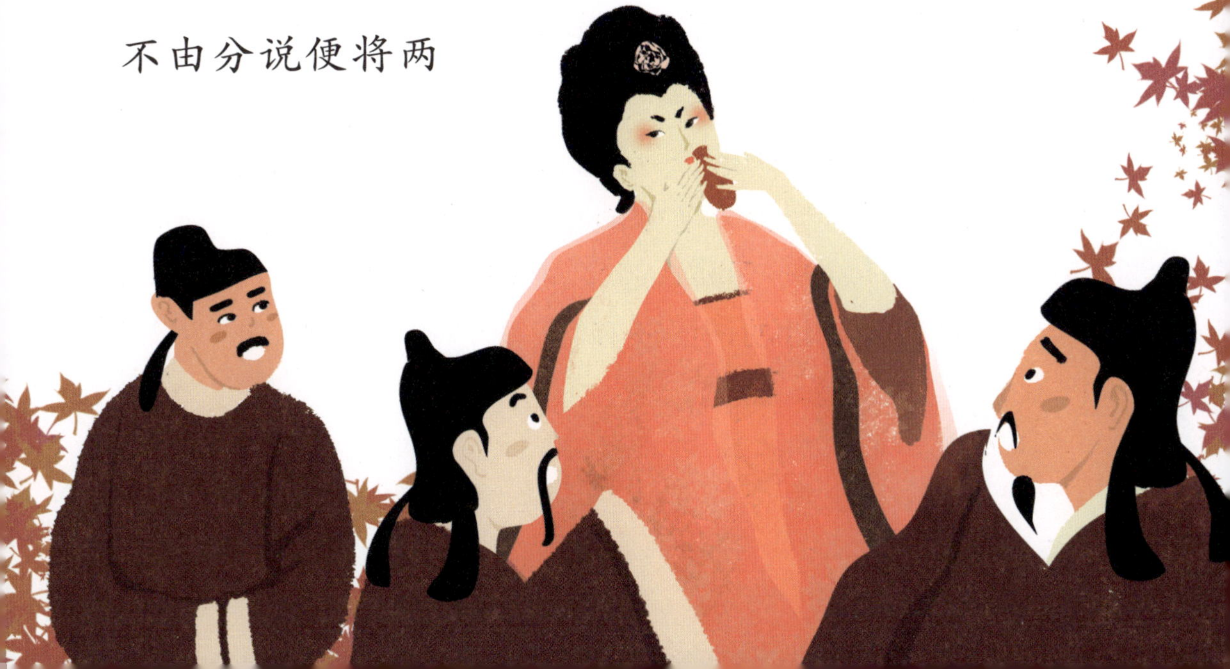

位美人赶出了府邸。

唐太宗知道后，召见了房玄龄和房夫人。他在朝堂上准备好一坛酒，对房夫人说："这是一坛毒酒，如果你不同意朕①的安排，就把这坛酒喝下去！"没想到房夫人性情刚烈，二话不说，端起酒来一饮而尽。

事实上，所谓的"毒酒"只是一坛醋②，所以房夫人并没有中毒。房夫人为了维护自己的尊严，连毒酒都敢喝，唐太宗对此敬佩万分，当即允许她退回"大礼"。

小小公告栏

① "朕"原本指"我"，从秦始皇开始，专用为皇帝的自称。

② "醋"是主要的酸性调味料，它可以引申为酸、酸味；酸又有痛苦、辛酸的意思，所以人们才把"吃醋"与嫉妒心理联系起来，比喻内心酸楚。与"吃醋"意思相近的词语还有"泼醋""捻酸吃醋"和"争风吃醋"等。

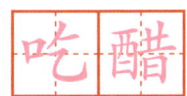

产生嫉妒的情绪（多指在男女关系上）。

◎"吃醋"原本指男女间的嫉妒心，现在也泛指一般的嫉妒情绪，例如："并非我爱吃醋，而是妈妈有点儿偏心，似乎更疼爱妹妹。"

日积月累

◆ 含有"醋"的歇后语

吃生姜就老醋——尝尽辛酸

醋瓶子打酒——满不在壶（乎）

妙笔生花

1. 看到自己的宠物狗更喜欢和其他人一起玩耍，他吃醋了。
2. 她不论小叔子侄儿，大的小的，说说笑笑，就不怕我吃醋了？
（〔清〕曹雪芹《红楼梦》）

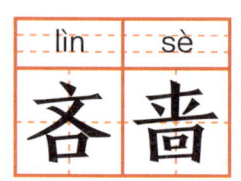

两手空空去吃酒

从前,镇上住着两个读书人——吝先生和啬先生,他们相约中秋节那天到乌有山子虚亭①饮酒赏月。他们说好由吝先生准备酒,啬先生准备菜。不过,这两个人都非常小气,谁也不肯花一分钱。

中秋节那天,两人到了约定的地点,发现双方都是两手空空的。于是,吝先生把手做成酒杯状,

指着天空说:"月光如水,水如酒,请啬先生饮酒。"啬先生则拿手指当筷子,指着池塘里的鱼说:"池中有鱼,鱼是佳肴（yáo）,请吝先生吃鱼。"两个人假装喝酒、吃菜,半个时辰后才相揖（yī）作别,一副酒足饭饱的样子。

有人看到他们的"表演",嘲笑道:"这两位喝的是吝啬酒,吃的是吝啬菜;活着是吝啬人,死了是吝啬鬼②。""吝啬"一词由此传开了。

> **小小公告栏**
>
> ①"乌有""子虚"都是汉朝文学家司马相如在《子虚赋》中虚构的人物,用在此处表示虚构的事物。
> ②"吝啬鬼"就是小气鬼的意思。

吝啬

过分爱惜自己的财物，当用不用或当给的舍不得给。

◎"吝啬"与"节俭"的含义不同："吝啬"指不肯花该花的钱，含有贬义；"节俭"则强调花钱时有节制，绝不浪费，含有褒义。

日积月累

◆近义词

小气　抠门　悭(qiān)吝

◆反义词

大方　阔绰　慷慨

妙笔生花

1. 我从没见过这么吝啬的人，连一杯白开水都舍不得让人喝。
2. 他不去，同事们会以为他穷或者吝啬，会更加看轻他。

（巴金《寒夜》）

坐冷板凳
zuò lěng bǎn dèng

打错了如意算盘

明世宗时期,权臣严嵩(sōng)依仗权势,干了很多贪赃(zāng)枉法的事。他把孙女嫁给孔子的后裔衍圣公(yì yǎn)①。后来,严嵩所做的坏事被揭发,朝廷要调查他。他暗自庆幸之前攀到了衍圣公这门亲戚,认为孔府可以帮他化险为夷。

严嵩赶到孔府，想请孙女婿出面向皇帝说情。于是，孔府的看门人进去通报，严嵩则坐在孔府穿廊的板凳上等候。

哪知过了老半天，也没人搭理他，更没有人请他去见衍圣公。几个时辰后，严嵩才明白自己的如意算盘②打错了，只好悻(xìng)悻地回家了。

没过多久，皇帝下令查抄严家，孔府则因为早与严嵩划清了界限，所以安然无恙。

后来，人们用"坐冷板凳"表示没人搭理或不受重用。

> **小小公告栏**
>
> ①"衍圣公"为孔子的后裔获得的世袭封号，始于北宋时期。
>
> ②"如意算盘"是指只从符合自己心意的一方面做出的打算。例如："你倒会打如意算盘，十三个半月的工钱，只付三个月！"

坐冷板凳

1. 比喻长期受冷遇或因不受重视而担任清闲的职务。
2. 比喻长期做寂寞清苦的工作。

◎ "坐冷板凳"含有被冷落、不受欢迎的意思。关于这个词的来源,还有一种说法:有一位过气的演员,因为没有观众,只能坐在椅子上喝酒、发呆,所以被嘲笑为"坐冷板凳"。

日积月累

◆ 意思相近的词语

　　冷落　　打入冷宫

◆ 意思相反的词语

　　看重　　垂青　　青睐(lài)

妙笔生花

1. 做学问要耐得住寂寞,甘于坐冷板凳。
2. 锺书是坐冷板凳的,他的学问也是冷门。(杨绛《我们仨》)

渡河竟要靠吹牛？

传说，古代有一种有壳的动物，叫"蝓"①。它的壳可以用来吹奏乐曲，声音十分洪亮，所以人们就用"吹蝓"来表示说大话。那时候，"蝓"和"牛"的发音很像，久而久之，大家就把"吹蝓"说成了"吹牛"。

关于"吹牛"的来源，还有一种说法。

古时候，生活在陕西、甘肃等地的人，为了解决渡河的困难，想出了"皮筏代舟"②的方法。

皮筏子大多是用羊皮或牛皮制成的。人们在渡河前，需要往皮筏子里吹气，然后绑住开口防止撒气。如果要承载重物过河，则可以把几个小筏子绑在一起制成大筏子。由于吹羊皮筏或牛皮筏可以使其膨胀起来，很像是夸口说大话，让话"膨胀"起来，所以人们就用"吹牛"比喻说大话。

小小公告栏

① "蝓"是古代的虫名，有人认为是水螺，也有人认为是蜗牛。

② 在古代，人们通常用木头制成的船渡河，但木船不容易操控，还容易被撞坏。而皮筏有造价低、制作简单、轻便灵活等特点。因此，人们有时会用皮筏来代替木船。

吹牛

1. 说大话；夸口。也作"吹牛皮"。
2. 在某些方言里，吹牛也指闲聊。

◎ "吹牛"也作"吹牛皮"，还有一种说法是"吹牛腿"。据说，屠夫将牛宰杀之后，会在牛腿上割开一个小口，用嘴从此处使劲往里吹气，使牛的全身膨胀起来，更容易剥皮。

日积月累

◆ 意思相近的成语

信口开河	言过其实
随口乱说一气。"河"是"合"的谐音字。	话说得夸大，超过实际。

妙笔生花

1. 他这个人最爱**吹牛**了，说的话可信度很低。
2. 管车王金贞和稽查李麻子本来不过是流氓，**吹牛**，吃醋，打工人，拿津贴，是他们的本领。（茅盾《子夜》）

两面光 (liǎng miàn guāng)

两边讨好惹祸事

据说,元朝末年,朱元璋率领起义军和元朝的军队在黄河的北边展开了拉锯战①。当地老百姓深受战争之苦,不敢得罪任何一方,不管哪边的军队进驻,他们都在门板上贴上花花绿绿的标语,以示欢迎。

如果起义军和元朝的军队轮流进驻，那标语就得换个不停。当地的百姓生活困难，不想把钱浪费在标语上，于是想出了一个折中的办法：找一块薄木板，一面写着"欢迎朝廷的军队保境安民"，另一面写着"欢迎起义军来救民于水火"。

有一次，起义军来了，家家户户高悬欢迎的木板。偏偏这时刮起了大风，把木板吹翻了，露出了另一面。起义军的将领看了很生气，下令严厉惩罚挂这种"两面牌"的人家。

后来，"两面牌"逐渐演变成"两面派"或"两面光"。

小小公告栏

① "拉锯战"指双方相持不下、来回缠斗的战争或竞赛。

两面光

指两方面讨好。比喻做人圆滑，不管哪一方面都极力讨好。

◎"两面光"含有贬义，常用来形容一个人圆滑、缺乏诚意。如果是正面形容一个人心思细密、处事周到，可以用"面面俱到"。

日积月累

◆含有"两面光"的歇后语

薄刀切豆腐——两面光

冬瓜上霜——两面光

妙笔生花

1. 他待人处事向来两面光，所以没有人信任他。
2. 凡事不能光做一面，总要两面光。

　（〔清〕李宝嘉《官场现形记》）

拍马屁 (pāi mǎ pì)

好马，好马！

据说，"拍马屁"一词起源于元朝。当时北方的一些民族以游牧为主要生活方式，马是重要的交通工具和生产工具。人们牵着马在路上与别人相遇，往往会互相拍拍对方的马的屁股，不断说着"好马，好马"，以此表达赞美之情和友善之意。

当时，有些想要讨好王公贵族的小人，不管对方的马是好还是坏，都会跑过去拍拍它的屁股，谄(chǎn)媚地对马主人说："大人有眼光、有福气，这真是匹好马、好马啊！"人们看不惯这种行为，于是用"拍马屁"嘲讽那些为了攀附权贵而曲意奉承[①]的人。那些擅长拍马屁的人，则被戏称为"马屁精"。

> **小小公告栏**
> ①"曲意奉承"是指违背自己的本心去迎合别人的意思。奉承,用好听的话恭维人。

拍马屁

指谄媚奉承。用于讽刺不顾客观实际,讨好别人的行为。

◎"赞美"和"拍马屁"虽然都有夸奖别人的意思,但前者发自真心,后者则是为了一己之利而刻意讨好、巴结对方。"赞美"含褒义,"拍马屁"含贬义。

日积月累

◆ 意思相近的词语

巴结　逢迎　奉承

妙笔生花

1. 做工作要有一说一,不能拍马屁。
2. 这些玩意儿,全是善于拍马屁、溜沟子的人送来的。
   (郭澄清《大刀记》)

油条

吃油条泄愤

油条出现的具体时间现已无法考证。早在南北朝时期，北魏农学家贾思勰(xié)在其著作《齐民要术》中，就记载了油炸食品的制作方法。

关于"油条"，有一个流传很广的故事。南宋时期，北方的金朝经常派兵攻打南宋。南宋名将岳飞很会带兵打仗，曾多次击退金兵，所以朝廷很器重他，老百姓也很爱戴他。然而，宰相秦桧(huì)为了自己的利益，与金人勾结，怂恿(sǒng yǒng)宋高宗连下十二道"金牌"①召回身在前线的岳飞，并以"莫须有"的罪名处死了他。老百姓闻讯，悲痛不已，但是秦桧的权势很大，没人敢公开指责或批评他。

有的人气不过，便把揉好的面拉成长条，分别做成秦桧夫妇的样子，并将其背靠背捏在一起，丢进油锅里炸熟了来吃，以此发泄内心的愤恨。人们私下里把这种食物叫"油炸秦桧"或"油炸桧",后来逐渐演变为"油条"。

🏯 小小公告栏

①"金牌"又称"金字牌",宋代用于传达军事上最紧急的命令等,后用为紧急命令的代称。

油 条

---

1. 一种油炸的面食,长条形,多用作早点。
2. 讥讽处世经验多而油滑的人。

◎处事圆滑、作风疲沓的人多被称为"老油条",这种说法含有强烈的贬义。

🖌 妙笔生花

1. 很多北方人早饭时爱吃油条。
2. 油条两股拆开,切成寸半长的小段。(汪曾祺《家常酒菜》)

炒鱿鱼(chǎo yóu yú)

一道没有人情味的菜

过去,很多员工都住在老板那儿,而住宿所需要的被褥(rù)则由员工自己准备。那时,老板可以凭自己的心情随意开除员工,员工却没有任何申诉的权利,只能默默地接受,然后卷起铺盖①离开工作的地方。因为人们对"开除""解雇(gù)"这类词很敏感,便用"卷铺盖"作为解雇的代称。

粤(yuè)菜②中有一道名菜,叫"快炒鲜鱿鱼"。这道菜在烹饪(pēng rèn)时,需要先把油烧热,然后把切成片状的鱿鱼放入锅中。鱿鱼片遇到热油,会立刻卷起来,让人联想到遭到辞退的员工把铺盖卷起来的模样。于是,人们便用"炒鱿鱼"表示解雇的意思。

小小公告栏

① 人们常把"铺盖"说成"铺盖卷儿",因出门时需将其打包成卷,以方便携带。

② "粤菜"指广东菜,是我国八大菜系之一,做法比较复杂、精细。

炒鱿鱼

鱿鱼一炒就卷起来,像是铺盖卷儿,借指解雇。

◎鱿鱼与墨鱼都是软体动物,但墨鱼体内有囊状物,能够分泌黑色的液体,鱿鱼则不能。我们可不能把"炒鱿鱼"说成"炒墨鱼"哦。

日积月累

◆意思相近的词语

辞退　解雇　解聘

妙笔生花

1. 赵叔叔因为工作不认真被公司**炒鱿鱼**了。
2. 有法律做保障,员工不用担心无缘无故被单位**炒鱿鱼**。

好夫婿的标准

唐朝初年，皇帝会授予五品以上的官员鱼符①，以此作为身份凭证。地位越高，所佩鱼符的材质越贵重。后来，出现了放置鱼符的袋子，称为"鱼袋"。佩鱼符的范围也渐渐扩大。武则天时期，鱼符被改为龟符，鱼袋则被改为龟袋。根据史书记载，三品以上官员的龟袋有黄金装饰。唐代诗人李商隐在诗中写道："无端嫁得金龟婿，辜负香衾事早朝。"大意是：没有想到自己嫁了个当高官的丈夫，他一早就得去上朝，以至于辜负了美好的时光。

后来，人们用"金龟婿"代指拥有高官厚禄的夫婿。

小小公告栏

① "鱼符"的外形像鱼,在隋朝时就已经出现,材质有木头、金属等;唐代的"龟符"形状像龟,头部有穿孔,背部饰有龟甲纹。两者的作用基本一致,象征着身份和权力。

金龟婿

身份高贵的女婿,后指如意郎君。

◎在现代,"金龟婿"强调女子所嫁的丈夫条件好、资产多。"乘龙快婿"则指岳父、岳母心目中的如意女婿,常用作祝贺语。

日积月累

◆ **女婿的美称**

乘龙快婿　　东床娇婿

妙笔生花

1. 小美千挑万选,就想找个金龟婿。
2. 章台游冶金龟婿,归来犹带醺醺醉。(〔宋〕贺铸《菩萨蛮》)

被放倒的旗杆

"倒霉"本作"倒楣",是江浙一带的方言,大约出现在明朝末年。据说,当时的科举考试①难如登天,而且考场舞弊的情况很严重,所以寻常的读书人要想金榜②题名可不容易。为了图个吉利,有的考生会在自家门前立一根旗杆,希望自己能顺利通过考试、谋得官位,这根旗杆就叫"楣"。

放榜后,如果考生没有考中,考生的家人便会把旗杆放倒、搬走,表示自家门第不顺、运气不佳。

后来,人们就把自己或别人遇到的种种挫折,都称为"倒霉"。

小小公告栏

① "科举考试"是我国自隋唐以来朝廷选拔人才的考试。明朝采取的是"八股取士"的考试方法，格式死板，要想考中很不容易。

② "金榜"指的是殿试揭晓的名单，用黄纸书写，上面盖有皇帝的印章，非常尊贵。

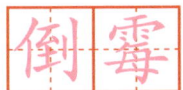

运气差，遇事不利，遭遇不好。

◎如果要强调倒霉的程度，可以用"倒霉透顶"来表述。

日积月累

◆表示运气不好的谚语

屋漏偏逢连阴雨，船迟又遇打头风。

喝凉水也塞牙。

妙笔生花

1. 我今天真倒霉，不但摔了一跤，还把钱包丢了。
2. 我是得躲开这块倒霉的地方！（老舍《龙须沟》）

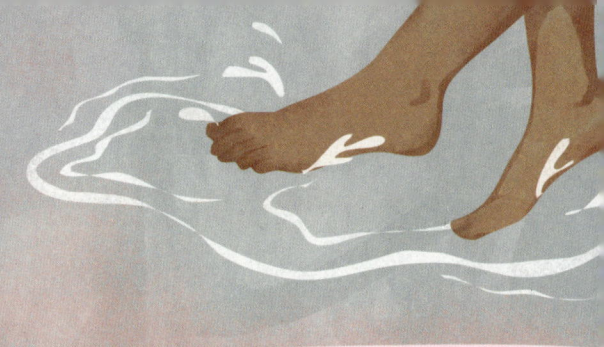

煞风景（shā fēng jǐng）

是什么"杀"了王安石的雅兴？

唐朝著名诗人李商隐撰写的著作《义山杂纂(zuǎn)》[①]中，记载了当时流行的俚语习俗。在这本书里，他列举了一些杀（煞）风景的事，例如：在果园里种菜；在花叶间晒衣服；靠着山盖楼房；在月光下打着火把；赏花时落泪；在松林里散步时，突然听见有人喝道；等等。

有一天，宋朝的文学家王安石在月色下散步。他陶醉于皎洁的月光中，十分惬意。突然，仆人告知他有客来访，他顿时觉得兴致全被破坏了。

来到会客厅，王安石发现来访者是他很欣赏的一位可以与之谈论禅道的朋友。于是，他特意写了一首诗，记录这件有意思的事情，诗中说："怪见传呼杀风景，不知禅客夜相投。"大意是：我只责怪仆人呼我去见客人太扫兴，却不知道这夜间来访的人是我的知心朋友。

小小公告栏

① 李商隐，字义山，故这本书叫《义山杂纂》。它讲述了关于立身处世、立志成才和处理人际关系等方面的一些准则，语言精练，朗朗上口。

煞风景

也作"杀风景"。损坏美好的景色,比喻使人扫兴。

◎ "煞风景"一词,原意为使美景逊色,现在使用时则不限于破坏景色,凡是影响人们兴致的情况,都可以用"煞风景"来形容。例如:"音乐会中响起如雷的鼾声,真是太煞风景了。"

日积月累

◆ 含有"煞风景"的歇后语

鲜花栽在杂草里——煞风景

西湖边搭草棚——煞风景

戏园子门前堆垃圾——煞风景

妙笔生花

1. 缺乏公德心的游客在美丽的海边乱丢垃圾,实在是煞风景。
2. 青葱的枣树园已经变成了煞风景的"茧灶"了。

(夏衍《旧家的火葬》)

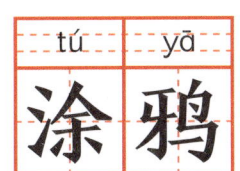

墨汁变老鸦

唐朝有位诗人叫卢仝①,据说他的儿子名添丁。添丁生性活泼好动,无论看到什么东西,都会好奇地摸一摸、碰一碰。

有一天,卢仝在书房里看书,看着看着,忽然觉得很困,便打起瞌睡来。不知过了多久,他隐隐约约听到一阵小孩的笑声,睁开眼睛一瞧,原来添丁正拿着他的毛笔,蘸上墨汁,在摊开的书本上乱

涂乱画呢。

卢仝看到儿子的"大作",觉得既好气又好笑,不禁诗兴大发,提笔写道:"忽来案上翻墨汁,涂抹诗书如老鸦。"大意是:小孩子忽然爬到书桌上,拿起笔在书本上乱涂乱画,那一个个黑色的墨团,就像一群乌鸦。这句诗正是"涂鸦"一词的来源。

小小公告栏

①卢仝,唐代诗人,生于河南济源,早年在少室山隐居,自号玉川子,著有《玉川子诗集》。他的诗风格奇诡(guǐ),近于散文。

涂鸦

1. 指随意涂画（多指在墙上）。
2. 指胡乱写作。
3. 形容字写得很差（多用作谦辞）。

◎"涂鸦"的"鸦"是指画在纸上的墨团很像乌鸦，千万别写成鸭子的"鸭"。

日积月累

◆ 形容绘画或书法技艺高超的成语

笔走龙蛇	妙手丹青
形容书法雄健洒脱，很有气势。	指绘画技艺高超。丹青，红色、青色两种颜料。

妙笔生花

1. 有一些游客在景区内的石壁上涂鸦，这种行为很不文明。
2. 小子初学涂鸦，勿以友故，行辈视之也。

（〔清〕蒲松龄《聊斋志异》）

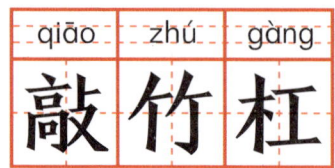

敲竹杠

qiāo zhú gàng

竹杠里的秘密

清朝末年，朝廷禁止销售烟土①。不过，由于有利可图，一些船家仍然铤(tǐng)而走险，把烟土藏在隐秘或不被人注意的地方运送。

据说有一天，一个负责检查的官员发现一艘船上的竹杠②好像有问题，于是敲了敲，结果竹杠发出低沉的回声，显然里面藏着东西。船家看那官员一脸狐疑，知道他发现船

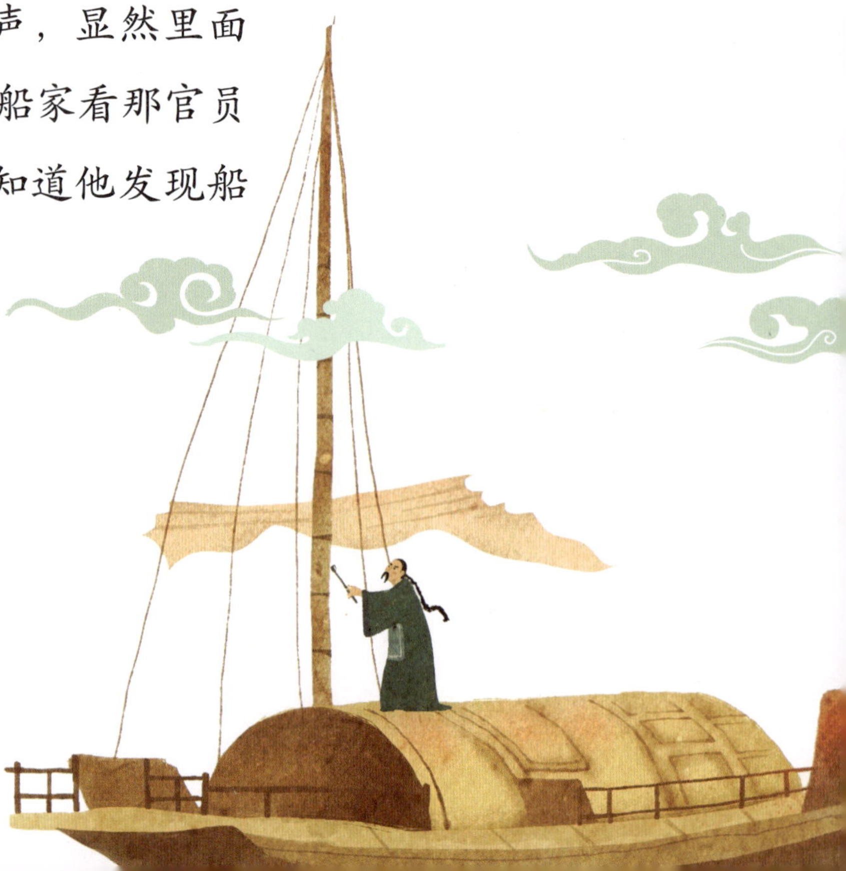

上私藏烟土的地方了。为了防止事情败露，船家赶紧塞了点儿银子给官员，求他网开一面，放自己一马。那个官员收下银两，让船家把船开走了。

从那以后，官员每次上船检查，便照例先去敲一敲竹杠，那些不法的船家马上就会恭敬地送上银子，避免非法行为曝光。这样的行为等同于公开行贿（huì），因此，老百姓便称向人勒索钱财的行为为"敲竹杠"。再后来，敲竹杠又有了不正当抬高物价的意思。

小小公告栏

① "烟土"指的是未经熬制的鸦片，吸食后容易使人上瘾，危害身体健康。

② 关于"敲竹杠"，还有别的说法。第一种说法：进入四川山区时，要乘坐一种用竹竿做的滑竿，抬滑竿的人常在半路敲滑竿要求加钱，故称勒索为"敲竹杠"。第二种说法：清末，店家多把钱装在钱桶（多用竹子制作）里，有的老板不诚信经营，见有陌生顾客上门就敲一下钱桶，示意伙计提高价格，故称敲诈为"敲竹杠"。

敲竹杠

利用别人的弱点或借某种口实抬高价格或索取财物。

◎"敲竹杠""抬价"和"哄抬物价"都有不合理抬高物价的意思。"涨价"一词，虽然也指提高物价，但没有负面含义；而"敲竹杠"一词，强调的是使用威胁手段，含贬义。

日积月累

◆ 含有"敲"字的成语

敲骨吸髓
敲破骨头吸取骨髓，比喻残酷地压榨、剥削。

旁敲侧击
说话或写文章不从正面说明，而从侧面曲折表达。

妙笔生花

1. 有些景区内的食品售价太高，给人留下了敲竹杠的不良印象。
2. 兄弟敲竹杠也算会敲的了，难道这里头还有竹杠不成？
　（〔清〕李宝嘉《官场现形记》）

折柳 (zhé liǔ)

临别之际送柳条

古代长安城的东边有一座灞(bà)桥，灞桥的两岸有十余里的长堤。沿着长堤，每隔几步就种有一棵柳树。当时，如果有人要从长安出发到远方去，亲朋好友大多会在这里与他话别，并折下柳枝送给他。

由于"柳"与"留"的发音相近[①]，所以折柳相赠就有了挽留的意思。柳树细长的枝条柔软且下垂，风儿吹过时，枝条飘动，彼此相拂，似有一种依依不舍的感觉，特别切合人们离别时难分难舍的情境。

此外,柳树在春天发芽吐绿,摇曳(yè)的春柳给人以生机勃勃的印象。因此,折柳赠予远行的人,又有祝福亲人、朋友在远方能很快地生根发芽、像春柳般欣欣向荣的寓意。

唐代诗人王之涣有一首诗——《送别》,诗中有折柳送别的情节:"杨柳东风树,青青夹御河。近来攀折苦,应为别离多。"

小小公告栏

① 我国古人在文学创作中,常常利用文字的读音相同或相近的关系,引发读者的联想或想象,表达自己的思想感情,如以"丝"表示"思",以"莲"表示"怜"等。

折柳

折取柳枝，代指送别。

◎"折柳"与"折桂"虽然"折"的都是某种植物，但意思完全不同。"折柳"喻指送别时离情依依，祝福无限；"折桂"则指通过科举考试，考取进士，现多借指在竞赛或考试中获得第一名。

日积月累

◆近义词

分别　分离　别离

◆反义词

再会　相聚　重逢

妙笔生花

1. 折柳送好友，能让人感到离情依依。
2. 此夜曲中闻折柳，何人不起故园情。

〔唐〕李白《春夜洛城闻笛》

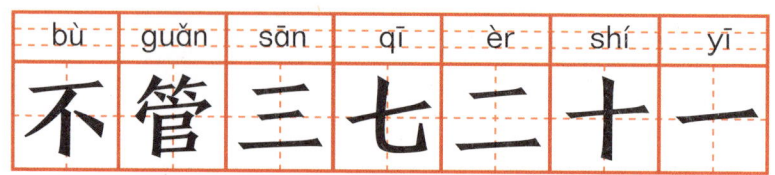

不管三七二十一

苏秦的算术能力

战国时期,强大的秦国对其他诸侯国造成了很大的威胁。当时有个著名的谋略家叫苏秦①,他游历列国,号召其他国家联合起来共同对抗秦国。

有一天,苏秦来到齐国,拜见齐宣王,想说服齐宣王接受他的建议。然而,齐宣王却说自己的国

家兵力不足，不想参与对抗秦国的联盟。苏秦听了齐宣王的话，说："单是齐国的首都临淄(zī)就有七万户居民，假如每户有三个男子参军，那七万乘以三，就有二十一万士兵了。用这样的兵力抗秦，还有什么值得顾虑呢？"

然而，苏秦的计算方式并不切合实际。一般家庭中总有老人、小孩、妇女，他们都不能参军；有的人家可能只有女子，没有男丁；即便有的家庭男子较多，其中也可能有伤残而不能参军的。所以，临淄根本不可能凑出二十一万兵力。后来，人们用"不管三七二十一"形容不顾一切地去做某件事。

小小公告栏

① 苏秦是战国时期的纵横家，他曾经游说秦国兼并列国，但秦王没有采纳。后来他转而游说六国联合起来对抗秦国，被称为"合纵"。

不管三七二十一

形容不顾一切；不问是非情由。

◎"不管三七二十一"和"管他三七二十一"，都有做事莽撞、不仔细思量的意味，含贬义，常用来形容不妥的行为，例如："管家走出来，不管三七二十一，抓住他就要拳打脚踢。"

日积月累

◆形容做事莽撞的词语

不分青红皂白　　不管不顾

妙笔生花

1. 张阿姨**不管三七二十一**，把家里的旧衣服全扔了。
2. 我因为自己好作短文，好用反语，每遇辩论，辄**不管三七二十一**，就迎头一击。（鲁迅《两地书》）

石榴裙

爱穿石榴裙的杨贵妃

传说,杨贵妃很喜欢石榴[①],唐明皇为了讨她的欢心,在宫中种了许多石榴树,并经常在红艳艳的石榴花下与她饮酒,欣赏她优美的舞姿。

唐明皇总是和杨贵妃在一起玩乐,荒废了朝政,因此很多大臣对杨贵妃感到不满,见到她也不肯行礼。杨贵妃虽然不高兴,却也无可奈何。

有一天，唐明皇大宴群臣，特意请杨贵妃跳舞助兴。杨贵妃跳着跳着，端起酒杯送到唐明皇身边，低声说："这些大臣看到我都不恭敬，我不想给他们跳舞了。"唐明皇闻言很生气，当即下令所有臣子见到杨贵妃都得行跪拜礼，否则将严加惩处。

众大臣不敢违背唐明皇的旨意，从此以后，他们见到杨贵妃都恭恭敬敬地行礼。由于杨贵妃喜欢穿绣有石榴花纹样的长裙，人们便用"拜倒在石榴裙下"表示对女子的敬服。再后来，这一表达也被用来形容对女子的爱慕、倾心。

小小公告栏

① 传说杨贵妃也很喜欢荔枝，唐明皇曾派专人快马加鞭地将新鲜荔枝从岭南（现广东、广西等地）送到长安。

石榴裙

红色的裙子,借指女子。

◎ "拜倒在石榴裙下",是指男子仰慕女子。还有一个词语,表示佩服对方、甘愿服输的意思,称"拜倒辕门"。辕门,指古时军营的大门或官署的外门。

日积月累

◆ 形容有爱慕之心的成语

一见钟情	心旌摇摇(jīng)
男女之间一见面就产生了爱情。	心神像旗帜一样摇摆不定,形容情思起伏,不能自持。

妙笔生花

1. 她外表出众,才华横溢,令许多男士拜倒在石榴裙下。
2. 不信比来长下泪,开箱验取石榴裙。

　　(〔唐〕武则天《如意娘》)

打破砂锅问到底

问、问、问,一路问到底!

在古代,人们常用沙土烧制而成的砂锅熬煮食物或药材。然而,砂锅的质地很薄很脆,稍经敲打,就容易出现裂缝,而且会一直裂到底。在山

西、陕西一带的方言里，有个"璺"字，就是用来形容器物出现裂缝，却还不至于破成碎片的状态。

砂锅"一路璺到底"的情形，跟人们对于一个话题穷追猛打，试图弄个清楚或问出个所以然的状况十分相似。所以，人们就用"打破砂锅璺到底"形容针对某件事情刨根问底①。

随着时间的推移，较为难懂、难写的"璺"字，变成了大家都熟悉的"问"字。

小小公告栏

① "刨根问底"是指追究底细，探查根由。"底"也作"柢（dǐ）"，原指树根，引申为基础、根本。

打破砂锅问到底

对事情的原委追问到底。

◎现在,"砂锅"同"沙锅","打破砂锅问到底"是常见用法。

日积月累

◆ 意思相近的成语

追本溯源	寻根究底
追求事物发生的根源。溯,往上推求。	追求根由,追究底细,弄清来龙去脉。

妙笔生花

1. 弟弟的好奇心很重,无论看到什么有趣的事情,都要打破砂锅问到底。

2. 她为什么不回到文工团去?不过我也并非喜欢打破砂锅问到底。(巴金《团圆》)

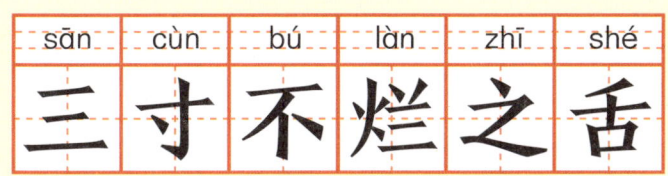

三寸舌胜过百万兵

战国时期,有个人叫毛遂,是赵国平原君的家臣①。他在平原君家待了三年,却从没受到重用。有一天,赵国遭到秦国军队的猛攻,情势危急。毛遂主动向平原君推荐自己,表示要跟他一起去游说楚王,请楚王出兵,帮助赵国对抗秦国。

平原君被毛遂说服②,带他一同前往楚国。到了楚国,毛遂引古据今、旁征博引地向楚王分析形势。楚王

最终被说动了,答应立即出兵,赵国之围遂解。

事后,平原君对毛遂大加赞赏,说:"先生一到楚国,就使我们赵国的地位获得提升,您的话比大鼎、大钟还有分量。先生的三寸舌头,比百万大军还要强大!"

小小公告栏

① "家臣"是春秋战国时期各国卿大夫的臣属,后泛指诸侯王公的私臣。

② 据《史记·平原君虞卿列传》记载,平原君一开始并不信任毛遂,说:"有能力的人就像放在袋子里的锥(zhuī)子,总会露出尖端,你在我这三年还没有传出名声,可见没什么才能。"毛遂说:"如果您肯把我这根锥子放入袋中,我早就整个儿穿出来了,而不只是露出尖端。"这个故事也是成语"脱颖而出"的由来。"颖"是尖端的意思。

三寸不烂之舌

指能言善辩的口才。

◎ "三寸不烂之舌"一词,强调口才一流,也可简写成"三寸舌"。这个"舌"不能太"长",如果是"长舌",则指爱扯闲话、搬弄是非,含贬义。

日积月累

◆ 表示能言善辩的成语

伶牙俐齿

形容口齿伶俐,能说会道,善于应付。

巧舌如簧

形容花言巧语,能说会道,含贬义。

妙笔生花

1. 小王凭借三寸不烂之舌说服经理带他去展销会。
2. 愿凭三寸不烂之舌,往江东说此人来降。

〔明〕罗贯中《三国演义》

三句话不离本行

说来说去露本行

从前有对兄弟吵着要分家产，却始终吵不出结果来。于是，他们请厨师、裁缝、车夫和船夫来进行调解。可是不管这四个人怎么说，兄弟俩还是听不进去。

四个人很生气，聚在厨师家里商量对策。厨师说："我看得用快刀斩乱麻①！"裁缝说："我们说话办事都不能偏颇，要针过得去，线也过得去才行。"车夫

说:"前有车,后有辙,只要不开到路外面就行了。"船夫听得很不耐烦,说:"别啰唆了,到时候见风使舵②,怎么顺手怎么处理!"

厨师的妻子听了,笑着说:"我看你们都是三句话不离本行,卖什么的吆喝什么。"她刚说完,四个人也大笑起来。原来,厨师的妻子是做小买卖的。

小小公告栏

① "快刀斩乱麻"指办事果断,抓住关键,迅速解决复杂的问题。

② "见风使舵"比喻看势头或别人的眼色行事。舵,船、飞机等控制方向的装置。

三句话不离本行

形容人的言语离不开他所从事的职业范围。

◎ "行"是多音字,在这里读作 háng,有职业的意思。如"干一行爱一行""行行出状元"等。

日积月累

◆ 形容言辞与身份、职业有关的谚语

卖什么的吆喝什么。

打猎的不说渔网,卖驴的不说牛羊。

妙笔生花

1. 你真是一个好医生,三句话不离本行!
2. 每到一处,开口三句话不离本行,立刻从怀里掏出捐册来送给人看。(〔清〕李宝嘉《官场现形记》)

你唱我演真有趣

话说清朝末年,北京有一对很擅长表演的兄弟,哥哥叫黄大笑,弟弟叫黄二笑。兄弟俩最拿手的节目就是表演笑话,因为演技超群,被慈禧太后召进宫中当了御用艺人。

有一年,慈禧太后过生日,下令让兄弟俩登台表演。

不巧的是,前一天哥哥黄大笑的嗓子突然哑了。兄弟俩担心他们如果不能正常演出,惹怒了慈禧太后,恐怕性命难保。他们绞尽脑汁,总算想出了一个解决方案:弟弟藏在椅子后面说说唱唱,哥哥只坐在椅子上配合说唱的内容表演动作就行了。没想到,慈禧太后看了这个节目后非常高兴,重重地赏赐了他们。

由于这个节目是黄氏兄弟独创的,所以被称为"双黄"。后来人们又把"黄"改成代表乐器的"簧",表示"双簧"①是一种曲艺形式。

小小公告栏

① 关于"双簧"一词的来源,还有一种说法:清代有个唱单弦的知名艺人叫黄辅臣,70多岁时被召进宫中。但他当时已经无法演唱了。于是,他就弹弦做口型,儿子躲在他的袍子后面代唱。后来,慈禧太后知道了这件事,就给这个节目赐名为"双黄"。

双簧

"双簧"是曲艺的一种,一个人表演动作,另一个人藏在后面或说或唱,互相配合。人们常用"唱双簧"比喻一唱一和,互相搭配应和;也比喻一方出面,另一方背后操纵。

◎"双簧"一词,本为"双黄",后改为"双簧"。与其字形相近的还有一个词——"二簧"。"二簧"是一种戏曲调名,因其源于湖北省的黄冈、黄陂(pí)等地,所以才有了这样的称呼。

日积月累

◆表示互相配合的词语

应和　唱和　一唱一和

妙笔生花

1. 兄弟俩唱双簧,想要说服妈妈让他们骑自行车去旅行。
2. 包国维像唱双簧似的也学了一句,对郭纯伸一伸舌子。
　(张天翼《包氏父子》)

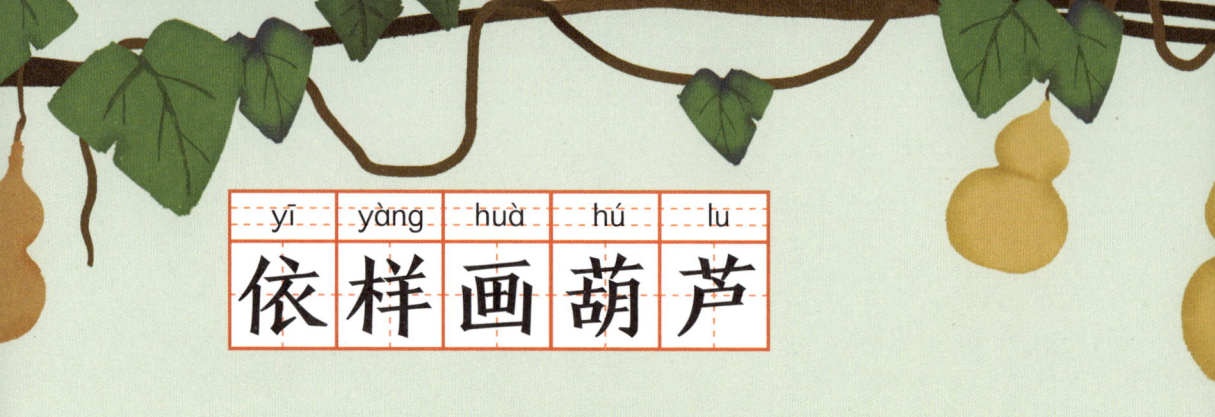

依样画葫芦

翰林学士的作用

据说，宋朝的大臣陶谷学问很深，文笔也很优美。他担任翰林学士多年，一直期望自己能受到重用，偏偏有好几次朝廷在提拔官员时都忽略了他。而那些被提拔的人，文笔和声望都在他之下。陶谷感到愤愤不平，因此请朋友在宋太祖面前推荐自己。

宋太祖对陶谷的朋友说："翰林学士的主要工作是起草文书，而且他们起草文书时，都是参照前人的版本，不过是换几个字而已，依照葫芦的样子画葫芦，谈不上有什么贡献。"

陶谷知道宋太祖的想法后，就在翰林院的墙壁上写了一首诗，嘲笑自己只能"依样画葫芦"，没有什么作为。后来，人们用"依样画葫芦"来比喻只是模仿，缺乏创见。

依样画葫芦

照葫芦的样子画葫芦,比喻单纯模仿,不加改变。

◎ "依样画葫芦"中的"依样",是照着模仿的意思,不要写成"一样"。

日积月累

◆ 表示模仿的成语

如法炮制	照猫画虎
指照已有的样子或现成的方法去做。	比喻只是从形式上模仿,实际上并不理解。

妙笔生花

1. 我们照着菜谱,依样画葫芦地炒几个菜吧!
2. 但是这么"依样画葫芦",终究缺乏画意,不过好玩罢了。

(丰子恺《竹影》)

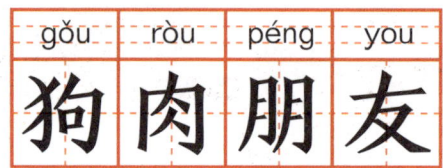

狗肉朋友

白吃白喝的皇帝

传说，汉高祖刘邦年轻时不务正业，到处白吃白喝。有一天，他在城里遇见了一个卖狗肉的大汉。当时刘邦身上一文钱也没有，却要了两斤狗肉，一边吃一边说："真好吃！太痛快了！"路过的人看到刘邦大快朵颐的模样，都觉得狗肉不错，纷

纷围上来，很快就把狗肉买光了。大汉高兴极了，为了表达感谢，没有收刘邦的钱。这可正合刘邦的心意。

这个大汉名叫樊哙(fán kuài)①，与刘邦成了好朋友。刘邦住在樊哙家里蹭(cèng)吃蹭喝，时间久了，樊哙也不太高兴。但奇怪的是，他的狗肉摊子要是没有刘邦在一旁吆喝，生意就不是很好。所以，樊哙只好任由刘邦白吃白喝了。

后来，刘邦起义抗秦，樊哙成了他最得力的将领之一。刘邦与樊哙的故事传开后，人们就用"狗肉朋友"形容他们的关系。现在，这个词语专指那些不做正经事的朋友。

小小公告栏

① 樊哙跟随刘邦领兵作战，在许多战役中立下很大的功劳。在"鸿门宴"中，他还保护刘邦安全逃脱。

狗肉朋友

即只在一起吃喝玩乐、却不做正经事的朋友。

◎现"狗肉朋友"已不常用,与之意思相近的成语"酒肉朋友"疑是其演化而来的。另有"狐群狗党""狐朋狗友"等词语,形容相互勾结、为非作歹的一群人。

日积月累

◆表示结交朋友的谚语

浇树浇根,交友交心。

万两黄金容易得,知心一个也难求。

在家靠父母,出门靠朋友。

妙笔生花

1. 他因为结交了狗肉朋友而荒废了学业。
2. 把时间和精力花在那些狗肉朋友的身上,就是一种浪费。

小巫见大巫

谁弱谁强见分晓

战国时期的思想家庄子曾说:"小巫师见到大巫师以后,竟然没办法用摆蓍草①的方式来判断吉凶。于是小巫师把蓍草扔了,却不肯向大巫师虚心请教。这就是小巫师的法力永远比不上大巫师的原因。"

庄子这段话是在告诫人们：如果遇到比自己能力强的人，却不愿意向对方学习，那么自己永远都不如对方。

三国时期，有位文人叫张紘(hóng)，他和另一位文人陈琳互相赏识。有一次，张紘读到陈琳的作品，专门写信称赞他。陈琳也写信回复说："我在河北，与天下名士相隔绝，这里善于写文章的人很少，所以我的作品才特别受重视。不过我的文章与你、景兴、子布的文章比起来，就像小巫师见到大巫师那样，根本不能相提并论。"②

> 🏯 **小小公告栏**
>
> ① 我国古代占卜时通常会使用蓍草的茎。
> ② 这段话译自陈琳的《答张紘书》。信中提到的"景兴"，是指当时魏国的经学家王朗（字景兴）；"子布"，是指吴国的儒学家张昭（字子布）。

小巫见大巫

比喻小的或差的跟大的或好的一比，就显得差远了。

◎"小巫见大巫"一词，偏重于双方的能力悬殊，但也常用作谦辞，即受到别人的称赞或褒扬时，用来表示谦虚、客气，例如："您真是过奖了，我的琴艺和专业人士比起来，是小巫见大巫呀！"

日积月累

◆ 表示差距很小的成语

不相上下

分不出高低好坏，形容程度、水平差不多。

旗鼓相当

原指两军对敌，后比喻双方势均力敌。

妙笔生花

1. 爸爸的厨艺虽然不错，但跟妈妈一比，却是小巫见大巫。
2. （以前的计划）比起目前这计划来，真是小巫见大巫了！（茅盾《子夜》）

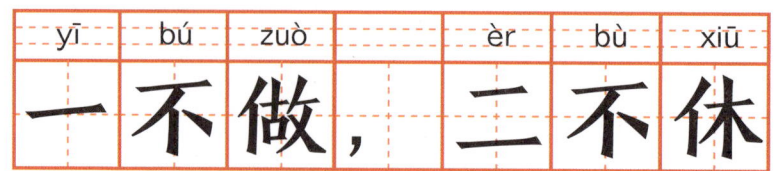

一不做，二不休

yī bú zuò èr bù xiū

叛将的遗言

唐朝时，有一支军队在长安附近发动叛变，并拥立了一个新皇帝。①新皇帝请张光晟（shèng）当他的副将。但是，一个国家怎么能有两个皇帝呢？于是，唐王

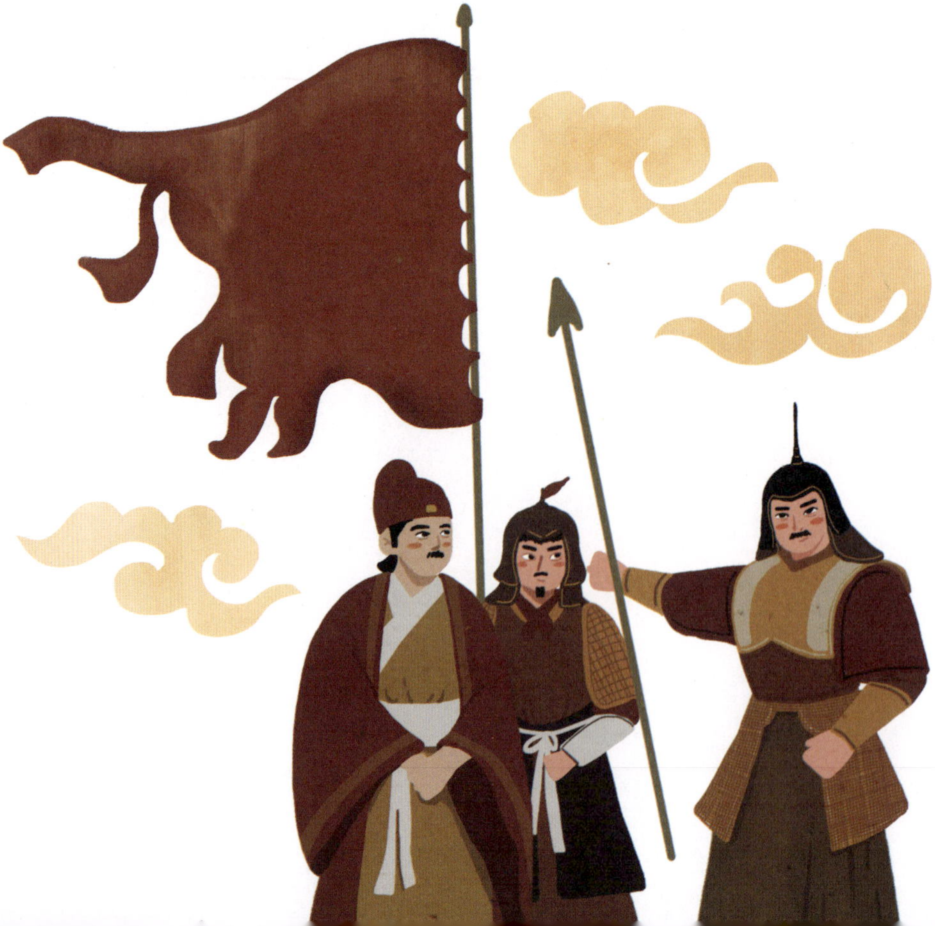

朝火速派人带兵讨伐新皇帝。

新皇帝也派兵迎战，结果大败而归。张光晟见大势已去，趁新皇帝逃跑时，转而向朝廷投降。他原本以为这么做能减轻自己的罪责，说不定还能讨个官职。然而，事情的发展没有如他所愿，他不但被囚禁起来，最后还被下令处死。

张光晟很后悔自己的所作所为，他先是叛变，中途又改变主意，结果还是落了个凄惨的下场。因此，他在临死前感叹："传话后人，第一不要做，第二不要停。"后人把他的话总结为一个词语——"一不做，二不休"。

小小公告栏

① 此为唐德宗建中年间的"泾原兵变"，泾原（今甘肃泾原）的兵卒驻扎在长安时，因不满朝廷的待遇，发动兵变。唐德宗被迫逃往奉天（今陕西乾县）。

一不做，二不休

事情已经开始了，就索性干到底。休，停止。

◎ "一不做，二不休"含有贬义，不宜用在正面的事情上，例如："我们决定一不做，二不休，再去捐一百元，为公益事业尽点儿心力。"这种用法是不恰当的。

日积月累

◆ 表示态度坚决的词语

　　毅然　　坚定　　决然

◆ 表示态度犹豫的词语

　　　　　　　　　chóu chú
　　犹疑　　迟疑　　踌躇

妙笔生花

1. 反正我很久没去上班了，干脆一不做，二不休，辞职算了。
2. 一不做，二不休，若不斩草除根，恐有后患。

　（〔明〕冯梦龙《醒世恒言》）

有眼不识泰山
yǒu yǎn bù shí tài shān

鲁班也看走眼了

春秋时期,有个很著名的木匠叫鲁班[①],据说他对待徒弟有个原则,那就是如果这个人表现不佳,很快就会被淘汰。

有个叫泰山的年轻人投身于鲁班门下,他不仅看上去一副呆呆的模样,木工活做得也不好,造不出什么好物件来。

"我看泰山不是当木匠的料,收他当徒弟,我也没面子。"鲁班想了想,辞退了泰山。

过了几年,有一天,鲁班正在街上闲逛,看到路边的杂货摊上摆着许多精巧的竹器。鲁班很想认识这个制作竹器的高手,便向人打听他是谁。人们

告诉鲁班，那些竹器是一个叫泰山的年轻人做的。鲁班听了大吃一惊，忍不住感叹道："我真是有眼不识泰山啊！"

人们听了鲁班的话，得知这么有名的木匠敢于承认自己判断有误，对他更佩服了。泰山则因为鲁班这句话，地位得到很大的提高，来找他制作竹器的人越来越多。

当然，上面讲的只是一个传说。有学者认为，"有眼不识泰山"这个词语，源于古代一部名为《淮南子》的典籍，里面有一句话："夫目察秋毫之末者，耳不闻雷霆之声；耳调金玉之音者，目不见太（泰）山之形。"

小小公告栏

① 鲁班是春秋时期鲁国人，原名公输般，是个技艺高超的木匠。传说他曾经制造过一只能在空中飞行的木鸟。他还是个发明家，发明了锯子、曲尺、墨斗、云梯等。

有眼不识泰山

比喻认不出地位高或本领大的人。

◎"有眼不识泰山"一词，可当自嘲用，例如："我一时没认出您，真是有眼不识泰山。"在这里，"泰山"喻指有分量、有地位的人。

日积月累

◆ 表示见识浅薄的歇后语

眼睛看在鼻尖上——一寸光

蚂蚁缘槐夸大国——小见识

门缝里看大街——目光狭窄

妙笔生花

1. 你真是有眼不识泰山，竟然把老教授当成了工友。

2. 师父如此高强，必是个教头，小儿有眼不识泰山。

（〔明〕施耐庵《水浒传》）

图书在版编目（CIP）数据

有故事的词语. 1 / 周姚萍著. — 青岛：青岛出版社，2023.6

ISBN 978-7-5736-1202-1

Ⅰ.①有… Ⅱ.①周… Ⅲ.①汉语—词语—小学—教学参考资料 Ⅳ.①G624.203

中国国家版本馆CIP数据核字（2023）第097644号

中文简体字版由五南图书出版股份有限公司经台湾巴思里那有限公司授权。
山东省版权局著作权合同登记号　图字：15-2020-126号

	YOU GUSHI DE CIYU
书　　名	有故事的词语①
著　　者	周姚萍
出版发行	青岛出版社
社　　址	青岛市崂山区海尔路182号（266061）
本社网址	http://www.qdpub.com
邮购电话	0532-68068091
责任编辑	步昕程　李晗菲
特约编辑	李子奇　刘　鹏
版式设计	桃　子　李　艳
封面设计	青岛艺非凡文化传播有限公司
全书插图	刘　璐　胡　龙　滕　乐
照　　排	青岛可视文化传媒有限公司
印　　刷	青岛乐喜力科技发展有限公司
出版日期	2023年6月第1版　2023年6月第1次印刷
开　　本	16开（710 mm×1000 mm）
印　　张	17.5
字　　数	300千
书　　号	ISBN 978-7-5736-1202-1
定　　价	120.00元（全3册）

编校印装质量、盗版监督服务电话　4006532017　0532-68068050

有故事的词语 2

周姚萍 / 著

青岛出版集团 | 青岛出版社

阅读有趣的故事，
学习常用的词语，
探索语言的奥秘！

亲爱的小朋友，你喜欢读书吗？你喜欢写作吗？

如果你还没有掌握遣词造句的窍门，就请好好阅读这套书！通过它，你会收获满满的词语知识。如果你已经是写作高手了，那这套书将帮助你继续提升语文水平。

《有故事的词语》是儿童文学作家周姚萍专门为少年儿童编写的词语故事书，集知识性、实用性和趣味性于一体。书里有许多有意思、有生命力的词语，为了让你更好地认识它们，作者用心搜集编写了许多浅显易懂的小故事。"小小公告栏""日积月累""妙笔生花"等小栏目，能从词语应用的角度，帮助你拓展语文知识，积累词汇量，掌握词语的正确使用方法。全书配有充满童趣的插图，可以让你充分体验阅读的轻松与快乐。

话不多说，从现在开始，让我们踏上精彩纷呈的拾慧之旅吧！相信通过这套书，你一定会爱上阅读，爱上写作！

故事导入

用生动有趣的文字讲述词语背后的故事，让你在轻松愉快的阅读过程中，学习如何遣词造句。

小小公告栏

对故事中出现的知识点做清晰明确的梳理，普及历史典故和文学常识。

词语释义

严谨考究的解释，帮助你全面理解词语的含义；大字描红，教你书写正确美观的汉字。

日积月累

延伸相关的字词知识，包括近义词、反义词、成语、歇后语、名言警句、古诗词等，真正做到读一个故事，学多种知识。

妙笔生花

经典造句与名家例句搭配呈现，展示常见的词语应用场景，让你学会在生活和写作中恰当地使用词语。

附赠《词语练习册》一份，请你在实践中检验自己的语文能力吧！

目录

学究　　只背一本书的读书人　　001

不倒翁　失去双脚的爱玉人　　004

左右手　萧何逃走了？　　007

妙手　　被"遗弃"的音乐家　　010

腹稿　　作诗写文不用急，稿子全在肚子里　　013

年糕　　神奇的糯米城砖　　016

百货　　万货不全百货全　　019

东西　　只买东西，不买南北　　022

幌子　　糊弄人的招牌　　025

香包　　送你一个多功能"包"　　028

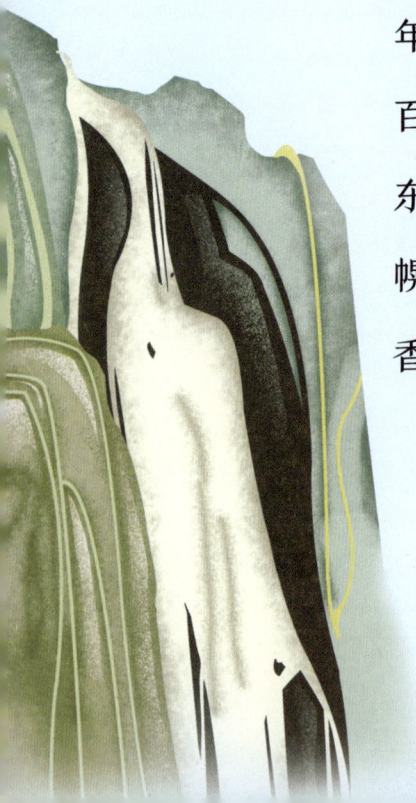

摇钱树　美丽的幻想　030

毛病　马毛里的秘密　032

不朽　永不磨灭的东西　034

借光　借点光，给方便　037

改观　皇亲国戚不好管　040

狼狈　被自己绊倒的狼　042

狼藉　乱七八糟的表现　045

晦气　"乌鸦嘴"厨师　048

缄口　来，封住自己的嘴巴！　051

袖珍　袖子里能放什么？　054

填鸭　别把学生当鸭填　056

拔河　河上的运动　059

踏青　春天来了去郊游　062

护短　孔子不借伞　064

安乐窝　住在这里最快乐　067

故步　忘记怎么走路的人　070

吃闭门羹　看到羹汤就出门　073

座右铭　亡命天涯的感悟　076

小费　保证立刻服务！　078

里程碑　里程标志的演变　080

马拉松　纪念勇敢的报信人　083

只背一本书的读书人

唐朝时,读书人如果想当官,大部分得通过科举考试的选拔。当时,科举考试分为进士、明经①等科目,其中明经科又有"五经""三经"②和"学究一经"的区别。

古人所说的"经",是指《易》《诗》《书》《礼》《春秋》等经书。所谓的

"学究一经",则是说只要读熟这些经书中的一部,就可以参加科举考试。渐渐地,"学究一经"被简称为"学究",用来代指读书人。

不过,很多读书人觉得,参加"学究一经"的考试不需要太大的学问,只要死记硬背文章就可以了。因此,"学究"一词逐渐产生了贬义,人们把死读书而不知变通的人,也称为"学究"。

小小公告栏

① "明经"为科举考试科目之一,隋朝时设立,因为考试较易,录取人数多,中唐以后被人所轻视,士人多重视进士科。

② 当时,经书分为"大经"(《礼记》《左传》)、"中经"(《诗》《周礼》《仪礼》)、"小经"(《易》《尚书》《春秋公羊传》《穀梁传》)。"三经"指大、中、小经各通一部;"五经"则指大经、小经全通。

学究

唐代科举制度有"学究一经"（专门研究一种经书）科，参加这一科考试的人被称为"学究"。后世指读书人，多指迂腐的读书人。

◎ "学究"与"学究天人"的意思容易混淆。"学究天人"比喻人学问渊博，不但通晓大自然的规则和其中蕴含的智慧，对人事也理解得极为透彻。

日积月累

◆ 表示灵活学习的成语

举一反三

指善于推理，能由此知彼，触类旁通。

闻一知十

听到一件事，便可以推知很多，形容聪明而善于推理。

妙笔生花

1. 读书贵在贯通，若只会死记硬背，不懂其中的含义，就成了学究。

2. 所举佳篇，复多鄙倍，如乡曲学究之为。

（鲁迅《中国小说史略》）

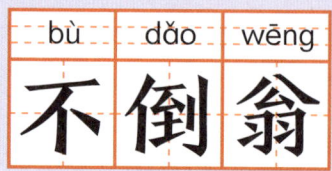

失去双脚的爱玉人

春秋时期,楚国的卞和采到了一块璞玉①。他先把璞玉献给楚厉王;楚厉王死后,他又把璞玉献给楚武王。这两个楚王都曾请玉匠来鉴定璞玉,但玉匠都说那只是块石头,里面根本没有玉。结果可想而知,楚厉王与楚武王都很生气,先后砍断了卞和的两只脚。

后来,楚文王即位。卞和抱着璞玉在荆山下哭了三天三夜。楚文王听说了这件事,就派人把璞玉拿来,让玉匠认真鉴定。玉匠经过仔细打磨,发现里面果真藏有稀世美玉——卞和没有说谎!后来,楚文王将这块美玉

命名为"和氏璧"。

　　据说，楚文王非常敬佩卞和不屈不挠、实事求是的精神，忍不住赞叹道："卞和真是个扳不倒之翁啊！"后人把"扳不倒之翁"简称为"不倒翁"，用来形容意志坚定的人。后来，"不倒翁"的含义有了新的变化，指善于见风使舵②或顺应情势的人。

小小公告栏

① "璞玉"是指包藏在石头之中、未经加工雕琢的玉石，也比喻有潜力但尚未被人所知的贤才。

② "见风使舵"是指为人处世圆滑，善于随机应变。也作"看风使舵"。

不倒翁

1. 玩具，形状像老翁，上轻下重，底部为半球形，扳倒后能自己立起来。

2. 比喻处世圆滑，官位不动摇的人。

◎ "不倒翁"可以用来比喻因会观察情势而屹立不倒的人。曾有这样几句俗语形容不倒翁："头锐能钻，腹空能受，状似易倒，实立不扑（跌倒）。"说得非常形象。注意：不倒翁的"倒"读 dǎo。

日积月累

◆ 含有"不倒翁"的歇后语

不倒翁坐大车——东倒西歪

不倒翁沏茶——没水平

不倒翁盖被子——人小被（辈）大

妙笔生花

1. 五代十国时期，冯道当过好几个王朝的宰相，被称为官场上的不倒翁。

2. 儿童嬉戏有不倒翁，糊纸作醉汉状，虚其中而实其底，虽按捺旋转不倒也。（〔清〕赵翼《陔余丛考》）

左右手 (zuǒ yòu shǒu)

萧何逃走了？

秦朝末年，项羽率领军队争夺天下并分封诸侯，刘邦被分封到巴蜀和汉中一带当汉王。刘邦就任后，请萧何担任丞相，与众将士摩拳擦掌，想和项羽一争高下。

然而，当时巴蜀与汉中的地理位置相对偏远，许多跟随刘邦打天下的将士都想返回家乡，所以每天都有人逃走。刘邦为此担忧不已。

一天，一个令人震惊的消息传来——丞相萧何也逃走了！刘邦心急如焚，顿时觉得自己好像被砍断了左右手，再也使不出力气来了。

三天后，萧何回来了。刘邦责问他为什么逃走。萧何解释说："我没有逃，而是去追韩信了。我认为他是奇才，请您一定要重用他！"①

刘邦听从萧何的建议，拜韩信为大将军。韩信果然能征善战，为刘邦最终夺得天下立下了汗马功劳。

小小公告栏

① 萧何追韩信的故事流传很广，曾被改编成京剧《萧何月下追韩信》。

左右手

比喻得力的助手,就像人身上不可或缺的左手和右手。

◎人们常用身体上的某些部位,来形容人与人之间的关系,比如"手足""骨肉""爪(zhǎo)牙""左膀右臂"等。其中,"爪牙"在古代曾比喻勇士、武臣,现在则用来比喻坏人的党羽,含贬义。

日积月累

◆含有身体部位的成语

肝胆相照

表示对人忠诚,以真心相见。相照:相互照见。

推心置腹

把自己的心放到别人肚子里。比喻诚心待人,实心实意。

妙笔生花

1. 李秘书是王经理的左右手,非常能干。
2. 张玉善谋,帝倚为左右手。(《明史》)

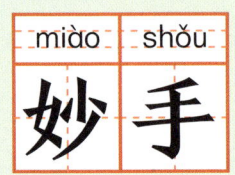

被"遗弃"的音乐家

春秋时期,楚国有个人叫伯牙。他跟随成连先生学琴三年,却没有太大的进步,更无法达到高超的境界。

成连先生对伯牙说:"我可以教你弹琴的技术,却无法教你弹奏出有境界、有情感的乐曲。不过,我的老师方子春能做到。他住在东海,我们何不去向他请教呢?"

于是,伯牙和成连先生一起来到了东海的蓬莱山①。随后,成连先生便离开了。

伯牙独自留在荒岛上，听海水激荡、海风悲鸣，内心有了深深的触动。于是，他有感情地弹起琴、唱起歌来，琴艺终于得到突破，后来成为天下妙手。

传说，只要伯牙弹琴，连正在远处吃草的马儿都会抬头倾听。②

小小公告栏

① "蓬莱山"是传说中位于东方大海中的一座神山，古代许多帝王都曾派人去那里求仙。

② 人们把连马儿都醉心于伯牙优美琴声的故事，浓缩为成语"六马仰秣（mò）"，形容乐声美妙。

妙手

指技艺高超的人。

◎ "妙手回春"与"妙手"的含义不同。前者用于称赞医生医术高明,能把生命垂危的病人治好,说的是一种能力;后者是指在某一领域拥有精妙的手艺、手法,说的是人。

日积月累

◆ 形容技艺高超的成语

出神入化	巧夺天工
超出神妙,进入化境,形容技艺达到了极高超的境界。	人工的精巧胜过天然,形容技艺精巧、绝妙。

妙笔生花

1. 远处的山水像妙手绘制的丹青,姹紫嫣红。
2. 怪不得(方糖)有这么细腻,原来是凭了造化的妙手,用柿皮来滤过的。(鲁迅《华盖集续编》)

腹稿 fù gǎo

作诗写文不用急，稿子全在肚子里

王勃是初唐时期著名的文学家，他从小就很聪明，据说六岁就能写文章，小小年纪便饱览"六经"①，不到二十岁就顺利步入仕途。②

因为王勃在当时很有名气，所以花钱请他写文章的人很多。有一天下午，朋友恳求王勃写一篇文章，王勃答应当天交稿。可是，他回到房里并没有

急着动笔，而是先磨了磨墨，然后喝了一大壶酒，接着躺在床上，盖上被子，似乎睡着了。实际上，他只是在闭目构思。等他完成构思后，就掀开被子一跃而起，拿起笔，饱蘸墨汁开始写作，文章一气呵成。

因为王勃不在纸上写草稿，而是采取静心构思的方式琢磨文章，好比在肚子里打草稿，所以人们都说他是在"打腹稿"。

小小公告栏

① "六经"指的是《诗》《书》《礼》《春秋》等6部先秦古籍。

② 王勃少年得志，被授予朝散郎的官职。他的代表作是《滕王阁序》，其中"落霞与孤鹜齐飞，秋水共长天一色"一句历来被人称颂。

腹稿

已经想好但没写出的文稿。

◎ "腹稿"是指事先想好，但还没写出来的文稿。而"打腹稿"，可指在心中构思文稿，也可指做事前在心中计划好流程。例如："这件事怎么处理，你要先打好腹稿。"

日积月累

◆ 形容很有文采的成语

妙笔生花	出口成章
以高超的技巧，创作出优美动人的作品。	说出话来就成文章，形容文思敏捷，口才极好。

妙笔生花

1. 他写小说时要打完腹稿才开始落笔，很讲究行文节奏。
2. 相思是篇冗长的腹稿，可发表出来却往往很短。

（周国平《风中的纸屑》）

年糕 nián gāo

神奇的糯米城砖

据说，春秋时期，吴国要修建阖闾大城①，吴王让伍子胥主持这一工程。伍子胥知道吴王刚愎自用②，担心吴国将来可能会发生灾难，便命人偷偷地用糯米做成一些砖块来筑城。③伍子胥交代随从，如果以后吴国有难或缺乏食物，人们只要拆掉城墙，挖地三尺，就能找到粮食。当时随从以为这是伍子胥的戏言，并没有放在心上。

吴王去世后，新王继位。他听信谗言，处死了伍子胥。伍子胥去世后，吴国在和越国的战争中不断失利，阖闾大城被越国军队团团包围。城中的存粮耗尽，饿死了不少百姓。在此危急时刻，随从想起了伍子胥的话，便拆掉城

墙,果然找到了粮食——糯米城砖!

人们"化砖为食",熬过了那段艰苦的日子。后来,当地人为了纪念伍子胥,就在春节期间制作像城砖一样的食物来吃,称其为"年糕"。

小小公告栏

① "阖闾大城"是春秋时期吴国的都城。据史书记载,该城是吴王阖闾伐楚还师时所筑,距今已经有2500多年了。

② "刚愎自用"指倔强固执、自以为是。

③ 用糯米做成砖块这件事在历史上没有确切的记载,但民间一直有用糯米汁当黏合剂筑城的传言。

年糕

用黏性大的米或米粉蒸成的糕，是过农历年时的应时食品。

◎我国大部分地区有制作年糕的风俗，种类则多种多样。现在，人们在春节吃年糕，多取其"年年高"的寓意，期望工作和生活一年比一年好。

日积月累

◆含有"年糕"的歇后语

八月十五蒸年糕——趁早

年糕掉进石灰坑——难收拾

妙笔生花

1. 这家百年老店做的年糕很受欢迎。
2. 上午李季谷赠年糕一筐。（鲁迅《鲁迅日记》）

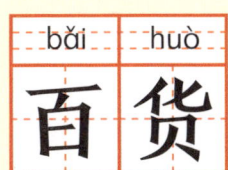

万货不全百货全

据说,有一年,乾隆皇帝为了体察民情,到江南地区微服私访①。这一天,他在街上闲逛,看到街边一家铺子的招牌上写着"万货全"三个大字,心想:这家店的口气可真大啊,朕倒要看看这家铺子是不是真的"万货全"。于是,他走进店里,说:"老板,我要买一把用金子做的粪叉。"可店里只有铁制的粪叉,没有金制的。

店老板拿不出客人需要的货物，只好尴(gān)尬(gà)地赔笑说："小店没有这样的商品。"乾隆皇帝反问道："你们店不是叫'万货全'吗?！"

老板闻言涨红了脸，赶紧叫伙计把招牌取下来，并请这位客人为铺子改名。乾隆皇帝略一思考，道："既然不是万般货物都有，那就叫'百货全'吧！"从此以后，货物再多的商店也只能叫"百货商店"，没有叫"万货商店"的。

小小公告栏

① "微服私访"是指帝王或官吏为了不暴露身份，穿上老百姓的服装秘密出行、探访民情。据史书记载，乾隆皇帝曾经6次巡视江南，留下了许多有趣的民间故事。

百货

以衣着、器皿和日用品为主的商品的总称。

◎"百"是虚数，形容品种很多，"百货"并不是说有一百种商品。相同的用法见词语"百战百胜""百家争鸣""百炼成钢""百年大计"等。

日积月累

◆含有"百"与"千"的成语

千姿百态	百转千回
形容姿态多种多样，丰富多彩。	形容回环往复或历程曲折。

妙笔生花

1. 节假日期间，百货大楼里挤满了人。
2. 那里河边还有许多上行船，百十船夫忙着起卸百货。

（沈从文《边城》）

东西

只买东西，不买南北

南宋理学家朱熹^①有个好朋友叫盛温和，是个博学多识的人。

一天，朱熹在路上遇到盛温和，见他提着一个竹篮，便问："你要去哪里？"盛温和回答："我要去买点儿东西^②。"朱熹遇到事情喜欢追根究底，又问："你为什么说买'东西'，而不说买'南北'呢？"盛温和听了，笑着问："你知道什么是'五行'吗？"朱熹回答道："我当然知道了，不就是金、木、水、火、土吗？"盛温和说："没错。东方属木，西方属金，南方属火，北方属水，中间属土。我的篮子是用竹子做的，盛火会被烧掉，装水会漏，当然也不会用来盛土，只能装木和金，所以叫买'东西'，而不叫买'南北'。"

朱熹听了，连连赞叹道："先生的回答可真是机智啊！"

小小公告栏

① 朱熹世称朱文公，是儒家学说的集大成者，被尊称为"朱子"，著有《四书章句集注》。

② 关于用"东西"一词来表示各种物品，还有几种说法。第一种说法：太阳东升西落，因此，阳光能照到的物品就泛称"东西"。第二种说法：在唐代，货物多集中在长安城里的东市和西市，商品交易都在那里进行，所以称购买物品为"买东西"。

东西

1. 泛指各种具体的或抽象的事物。
2. 方位词。东边和西边；东边到西边的距离。

◎ "东西"一词的"西"，可读作 xī 或 xi，读音不同，词义也不一样。用来指物品或特指某人或动物（多含厌恶或喜爱的感情，如"小东西"）时，读作 xi；若是指方位，则读作 xī。

日积月累

◆ 含有"东西"的歇后语

南北大道——不成东西

市集上买东西——挑挑拣拣

妙笔生花

1. 我这里有很多好东西，你可以挑一件带回去。
2. 这一宗东西，家常不大做；今儿宝兄弟提起来了，单做给他吃。

（〔清〕曹雪芹《红楼梦》）

幌子

糊弄人的招牌

清朝时期,扬州有两位画家,一位叫汪士慎,一位叫李鱓。①一天,两人结伴到郊外踏青。他们走着走着,看到一家酒馆门前悬挂着一条长长的幌子,上面写着大大的"酒"字,旁边还有几行小字:"太白仙亭,酒价廉平,乘兴儿一沽三斤。打开瓶后,滑辣光馨,教君霎时饮、霎时醉、霎时醒。"②

大意是说,店里的酒物美价廉,醇香醉人。

汪士慎和李鱓被这几行小字吸引,进了酒店,要了一壶酒。没想到酒一入口,他们的满

怀期待便落空了，因为酒里掺了足足一半的水，一点儿味道也没有。据说正是由于这个故事，"幌子"成了掩人耳目的代称。

> **小小公告栏**
>
> ① 汪士慎与李鱓都是"扬州八怪"中的人物。"扬州八怪"是清代乾隆年间在扬州卖画的几个代表画家的总称，人数和姓名说法不一，一般指汪士慎、李鱓、郑燮（郑板桥）、李方膺、罗聘等人。他们都能写诗、作画，但他们的画和当时所谓的"正统"画风有所不同，所以有"八怪"之称。
>
> ② 疑为宋代的一首民间词调《行香子》，本书在选入时做了改动。

幌子

1. 商店门外表明所卖商品的标志。
2. 比喻进行某种活动时所假借的名义。

◎"幌子"的"幌",属"巾"部,有帷幔、窗帘的意思。"幌子"就是古时候的招牌,那时候的招牌多用布制成。今天的招牌多用金属或塑料制成,有的还饰有五颜六色的霓虹灯。

日积月累

◆ 表示作假的成语

弄虚作假	欺世盗名
用虚假的东西欺骗人。	欺骗世人,盗窃名誉。

妙笔生花

1. 小明说的那些甜言蜜语,都是**幌子**。
2. 你又干这些事。干也罢了,必定还要带出**幌子**来。

（〔清〕曹雪芹《红楼梦》）

香包 (xiāng bāo)

送你一个多功能"包"

周朝时，一些达官贵人为了掩盖体臭，会随身佩带装有香料的小袋子——香囊(náng)。后来，人们认为农历五月天气燥热，是"毒月"，就在五月初五端午节这天佩带各式各样的辟邪物品。例如，把五色丝线绑在孩子的手上，保佑孩子长命百岁。

经过演变，有些习俗渐渐融合在一起，香包就诞生了。人们在小布包里装上雄黄①、艾草和檀香粉末等材料，用五色丝线系好，把它挂在孩子身上，以防止毒虫侵袭，这是保平安的象征。

现在，香包不仅是端午节的应景物品，也是日常使用的精致的装饰品。

小小公告栏

① "雄黄"是一种药材，可以用来做解毒剂、杀虫药。它和下文的"艾草""檀香"在古代都曾被用来辟邪护身。

古称"容臭""香袋"，指装了香料的小布包。人们根据民间习俗在端午节佩戴香包，用来驱毒辟邪。

◎ "香包"和"香囊""香袋"意思相近，都是指装了香料的小布包，但在形状上可能有所差别。

日积月累

◆ 成语小接龙

鸟语花香 ➡ 香草美人 ➡ 人山人海 ➡ 海阔天空

妙笔生花

1. 端午节快到了，商店摆出了各式各样的香包。
2. 同时做的还有香包，用小块红布剪成葫芦形、菱形、方形，缝成小包，里面装些香料。（林海音《我的童玩》）

摇钱树 (yáo qián shù)

美丽的幻想

传说，古时候有一种树，树上结满了金果、银果。当金果、银果成熟后，人们只要在树下摇一摇树干，财宝就会掉下来。因此，人们把这种树叫作"摇钱树"①。

到了清朝，人们为了招来财运，会在松树或柏树的树枝上装饰古钱、元宝、石榴花等物品，然后插在花瓶中，这种寓意吉祥的装饰品也叫"摇钱树"。

再后来，大家认为有些人很会赚钱，或凭借某些事物容易得到钱财，犹如轻轻摇一下摇钱树，财宝就落入袋中，所以将这些人或事物比喻为"摇钱树"。

小小公告栏

① 关于"摇钱树",还有另一个传说。三国时期,有个叫邴(bǐng)原的人在路上捡到一串钱,因为找不到失主,就把钱挂在一棵树上。后来,路过的人见了,以为它是可以保佑人发财致富的神树,便纷纷掏出钱来挂在树上,并称其为"摇钱树"。

摇钱树

神话故事中的一种宝树,一摇晃就有许多钱落下来,后多用来比喻可借以源源不断地获取钱财的人或物。

◎ 有的人幻想拥有一棵摇钱树,不需要付出劳动,就能够源源不断地把钱放进自己的口袋。其实,这个世界上没有摇钱树,财富只有通过辛勤劳动才能获得。

妙笔生花

1. 树上结满了又大又红的苹果,在老乡眼里,这些苹果树就是一棵棵摇钱树。
2. 勤劳好比摇钱树,节俭犹如聚宝盆。

毛病 máo bìng

马毛里的秘密

古时候，马是一种重要的交通工具，也是财富的象征。因此，如何选择马以及用什么标准来衡量马的优劣（相 xiàng 马），是人们非常关心的话题。

随着经验的积累，人们逐渐总结出一套相马的规则，并写成一部书——《相马书》。书中根据马身上的旋毛情况，画出了一幅旋毛图，并指出："……善旋五，所谓若灭若没、若亡若失也，恶者粗逆易见，故此图恶旋十四，所谓毛病，最为害者也。"意思是说，马毛的形状有好有坏，如果旋毛的数量是十四圈，那这匹马就有"毛病"，对于这匹马的主人来说也非常不好。

后来，"毛病"一词从形容马的毛色有缺陷，引申为人、事、物存在缺点。

毛病

1. 指器物发生的损伤或故障，也比喻工作上的失误。
2. 缺点；坏习惯。
3. 疾病。

◎ "毛病"原指牲畜（尤其是马）的毛色有缺陷。随着时间的推移，"毛病"可指代的范围越来越广，从马扩展到人、事、物，既可引申为缺点、疾病，也可以指机器在运转中出现故障等。

日积月累

◆ 意思相近的词语

弊病　弊端

◆ 意思相反的词语

优点　长处

妙笔生花

1. 他这个人有个最大的毛病，就是太自以为是了。
2. 我想你的毛病就在抛弃了爱，只从憎那方面去着想，所以觉得世间的一切都是可憎、可悲的。（巴金《灭亡》）

永不磨灭的东西

春秋时期，鲁国大夫穆叔前往晋国，晋国的大臣范宣子出来迎接他。

范宣子问穆叔："什么叫死而不朽？"穆叔没有马上回答。范宣子以为他答不上来，便得意地说："很久以前，我的祖先就做官，到了现在，我们这一代仍然做官①，这就叫死而不朽吧！"

穆叔摇摇头，说："世世代代都传承的官位，不能被称为不朽。鲁国有位已经去世的大夫叫臧文仲，他虽然死了，但是他所说的话却流传了下来，这才叫不朽。"

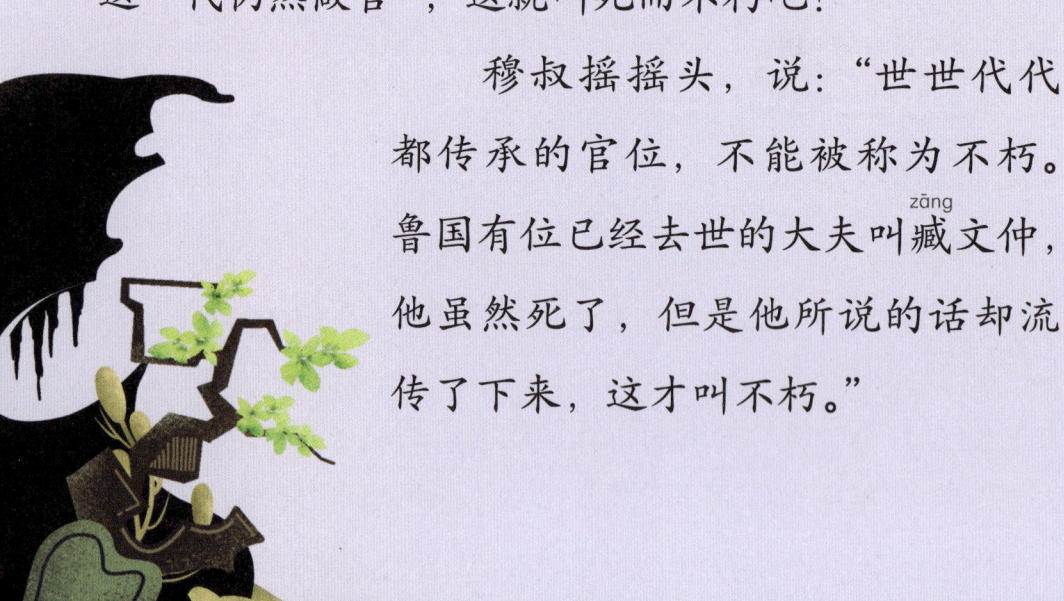

　　见范宣子还不明白，穆叔接着说："我听说，人生最了不起的事，首先是树立品德典范，其次是建功立业，再次是创立学说。这些东西不管什么时候都不会磨灭，也就是所谓的'三不朽'②。"

> **小小公告栏**
>
> ① 范宣子家世代为官，他的祖父范武子曾担任中军将，父亲范文子曾任上军佐、中军佐，他本人作为晋国大臣，曾掌握国政。
> ② "三不朽"简而言之就是"立德、立功、立言"，语出《左传》。

不朽

永不磨灭（多用于抽象的事物）。

◎ "不朽"是褒义词，形容成就和功业；要是有人做了让人深恶痛绝的事，就不能用"不朽"来形容了，用"遗臭万年""臭名昭著"等词语才准确。

日积月累

◆ 意思相近的成语

永垂不朽
　　指业绩、精神等永远流传，不会磨灭。

流芳百世
　　好名声永远流传后世。芳，比喻好名声。

妙笔生花

1. 很多将士为了抵抗日军的侵略壮烈牺牲，在历史上留下了不朽的威名。
2. 那些不朽的诗篇，历经时光冲刷，仍然熠熠生辉。

借点光,给方便

"借光"一词来源不详,关于这个词语,流传着这样一个故事。

从前,有几个姑娘每晚都在一起做针线活儿。她们共用一盏油灯①,并平均分担灯油钱。不过,其中有个姑娘实在太穷了,连蝇头②般的灯油钱都拿不出来。

时间一长，大家认为她出不起钱，就不该共用油灯，想赶她走。那个姑娘苦苦哀求道："我虽然拿不出钱来，但是每天都会提前到这里，帮大家擦桌子、扫地、倒茶水，让大家有一个好的环境。况且我只是借光，也没有让灯油消耗得更多或影响大家工作。请大家让我留下来，好不好？"

大家觉得姑娘的话有道理，认为她不过是借油灯的光而已，其他人并没有什么损失，就不再赶她走了。从此，"借光"一词逐渐流传开来。

小小公告栏

① "油灯"就是用油做燃料的灯。古代灯油多为植物油（如豆油、花生油），到近代才出现煤油。

② "蝇头"即苍蝇的头，形容东西非常小，比如"蝇头微利"。

借光

1. 分沾他人的利益或荣耀；沾光。
2. 客套话，用于请别人给自己方便或向人询问。

◎有一个家喻户晓的故事叫"凿壁偷光"，和本文中姑娘"借光"的故事差不多。汉朝时，匡衡因为家里贫穷，没钱买灯烛，于是在自家墙壁上凿了个洞，让邻居家的灯光透过小洞照进来，这样他就可以在晚上读书了。

日积月累

◆含有"借光"的歇后语

星星跟着月亮走——借光

妙笔生花

1. 那人只说了一句"借光"，就想挤到队伍的前面。
2. 临末是一个粗手粗脚的大汉……连声说道"借光，借光，让一让，让一让"，从人丛中挤进皇宫里去了。

（鲁迅《故事新编》）

改观 gǎi guān

皇亲国戚不好管

东汉桓帝时，王畅担任南阳太守。当时南阳有很多皇亲国戚，他们仗着权势胡作非为、欺压百姓。不过，之前的太守都害怕得罪皇室，不敢捉拿他们。

王畅这个人很有原则。他上任后，无论对方是谁，只要做了错事，他都会严格按照律法加以处置。后来，皇帝下令大赦(shè)天下，被治罪的皇亲国戚陆续被释放了。王畅很不甘心，便制定了更严格的法律来惩治他们。①

后来，有一个名叫张敞的官员写信给王畅，劝他不要用严刑峻(jùn)法来管理皇亲国戚，最好采用教化的方式，"则海内改观，实有折枝之易"。大意是说，如果采取仁政，社会风气的改变就像折断树枝那么容易。王畅接受了这一建议，谨慎使用刑罚，渐渐消除了当地皇亲国戚作威作福的风气。

小小公告栏

① 王畅规定：收受贿赂而不自首的官员，会被没收全部家产；若还有隐匿，就派人拆了他们的屋子。这项规定在当时是非常严苛的。

改观

改变原来的样子，出现新的面目。

◎ "改观"是指对某一事物的看法、观点出现了新的、积极的变化，含褒义。一般来说，"改观"强调的是一个逐渐变化的过程，而非突然发生改变。

日积月累

◆ 有关"改变"的谚语

士别三日，当刮目相待。

穷则变，变则通，通则久。

妙笔生花

1. 经过一番整治，市场风貌有了很大的改观。
2. 这里是大自然的最单调最平板的一面，然而加上了人的活动，就完全改观。（茅盾《风景谈》）

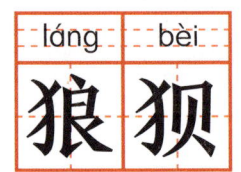

被自己绊倒的狼

据说,"狼狈"的"狈"是"跋"的讹字,"跋"是踩踏的意思。老狼因为体力差,行动迟缓,前进时会踩到自己脖子下的垂肉,后退时则会被自己的尾巴绊倒(见《诗经·狼跋》①)。所以,人们用"狼狈"来形容处境困窘。

周朝时,周成王继承了王位,不过由于他年纪小、能力不足,他的叔叔周公只好代为处理国事。有的人知道周公这样做是为了国家,但也有人认为周公是想篡夺王位。误解周公的人还联合其他势力发动叛变。②饱受流言攻击的周公既要平定叛乱,又担心周成王会猜忌自己,可以说是进退两难。他当时的处境正是"狼狈"的真实写照。

小小公告栏

① 《诗经·狼跋》中有这样的诗句:"狼跋其胡,载疐(zhì,跌倒)其尾。"今人将其翻译为:"老狼前行踩颈肉,后退又要绊尾跌。"有人认为,这首诗反映的是周公摄(shè)政的故事。

② 周朝的三监——蔡叔、管叔、霍叔,到处散布谣言,说"周公将不利于成王"。三人联合殷商的后代武庚发动叛乱,史称"三监之乱"。

狼狈

形容困苦或受窘的样子。

◎关于"狈",还有一种说法。传说狈是一种兽,前腿特别短,走路时要趴在狼身上,没有狼它就不能行动。所以,人们用"狼狈为奸"比喻互相勾结做坏事。

日积月累

◆意思相近的词语

　　困窘　窘迫　困顿

◆意思相反的词语

　　从容　舒缓　雍容

妙笔生花

1. 一场突如其来的大雨淋得我全身湿透,真是狼狈极了。
2. 不想先生病得狼狈至此,不知几时可以勉强就道?

〔清〕吴敬梓《儒林外史》

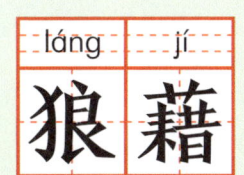

乱七八糟的表现

这个词语又与狼有关。据说,狼群常常卧在草堆上休息,当它们要离开时,会把卧过的草堆弄乱,防止猎人或其他兽类发现它们的踪迹,^①以此避开危险。

此外,也有人说狼有收集东西的习性,却常常

把东西搞得乱七八糟。于是，人们就将凌乱不堪的场面或行为称为"狼藉"。

《史记·滑稽列传》②中记载："履舄(lǚ xī)交错，杯盘狼藉。"意思是说在宴会即将结束或者已经结束的时候，地上的鞋子总是摆得乱七八糟的，桌上的杯盘也非常杂乱。

小小公告栏

① 追踪兽类的活动痕迹是猎人狩猎的一种基本方法，观察对象包括野兽的足迹、食物残渣、觅食的规律、巢穴、躲藏处，等等。

②《史记·滑稽列传》记载的是一些能言善辩的人物，如东方朔、优孟等。

狼藉

1. 形容乱七八糟、杂乱不堪。
2. 比喻行为不检点,名声很差。

◎ "藉"是多音字,读作 jí 时,有践踏的意思,例如"杯盘狼藉""声名狼藉";读作 jiè 时,有垫、衬的意思,例如"枕藉"。

日积月累

◆ 表示物品杂乱的成语

乱七八糟	横七竖八
形容非常混乱,没有条理和秩序。	有的横着,有的竖着,形容杂乱无章。

妙笔生花

1. 弟弟和几个小伙伴玩了一上午游戏,把客厅弄得一片狼藉。
2. 到徐州见着父亲,看见满院狼藉的东西,又想起祖母,不禁簌簌地流下眼泪。(朱自清《背影》)

"乌鸦嘴"厨师

早在宋代,人们就使用"晦气"①一词来形容不吉利、倒霉。关于它的来源,现在已经不可考。这里讲一个流传很久的民间故事。

据说,"晦气"本来是一个厨师的名字,他的厨艺很好,可是说话从来不分场合,想说什么就说什么。

有一次,郭员外家办婚宴,请他去掌勺。他看到新郎的脸上有麻子,就对新郎说道:"祝你们早生

贵子啊,将来孩子的长相一定随你,满脸麻子!"看到他们新修葺(qì)的房子,厨师又说:"唉,你们这房子风水不好,恐怕要惹上官司啊!"

按常理来说,人人都喜欢听吉祥话,尤其是在办喜事时,希望别人的祝福能给自己带来好运。郭员外没想到厨师说话这么难听,气得火冒三丈,连连说:"晦气啊,晦气!"接着便把他赶出了家门。从此以后,人们在遇到不顺利或不吉利的事情时,就会喊"晦气"。

小小公告栏

① 话本小说选集《京本通俗小说》里面有一则故事用了"晦气"这个词:"我恁(nèn)地晦气!没来由和那小娘子同走一程,却做了干连人。"意思是:我真是不顺利啊,没想到和那个女子一起走了一程,就被这件官司牵连上了。

晦气

1. 不吉利；倒霉。
2. 指人倒霉或生病时难看的气色。

◎ "晦气"是指不顺利、倒霉。晦，昏暗。请注意另外一个词——"晦日"。它是指农历每个月的最后一天，而不是指这一天很倒霉。

日积月累

◆ 近义词

不利　倒霉

◆ 反义词

好运　顺利　福气

妙笔生花

1. 傍晚，我在海边散步时，突然天降大雨，把我淋成了落汤鸡，真是太晦气了！
2. 大王，不好了，那长嘴大耳的和尚与那晦气脸的和尚，又来把门都打破了！（〔明〕吴承恩《西游记》）

来,封住自己的嘴巴!

春秋时期的孔子很有学问。他打破了"教育是贵族的专利"的陈规,愿意念书的人不论地位高低,都可以到他那里接受教育。①据说,孔子门下有三千多名弟子。

孔子十分推崇周礼。②有一天,孔子和弟子专程到周朝国都考察文物礼仪,进入太祖后稷的庙堂。庙堂右边的台阶前有座铜像,铜像的嘴被封了三层,铜像的背上刻了一段文字,大意是:这是古时候说话谨慎的人,人们要以此为戒啊!不要多说

话，话一多，失误也必定会多。

孔子看完，转身对弟子说："这个铜像是在告诫我们，平常要谨言慎行，不了解事情的真相不要多话，否则会招来无妄之灾。"

小小公告栏

① 据说，当时只要带拜师礼前来、愿意认真学习的，孔子都会收他为弟子。

② 孔子尚礼，经常到处考察文物和礼仪制度。他非常推崇周礼，曾经赞叹说："周监于二代，郁郁乎文哉！吾从周。"大意是：周代的礼仪制度是参照夏朝和商朝修订的，多么丰富多彩啊！我主张接受周代的礼制。

缄口

闭着嘴（不说话）。

◎表示保持沉默、闭口不谈的意思时，"缄口"与"封口"意义相似。但是，"封口"还有其他几种解释：作为动词时，指封闭张开的地方（如瓶口、信封口等）；作为名词时，指的是信封、封套等可以封起来的地方。

日积月累

◆表示不说话的成语

哑口无言	默不作声
像哑巴一样说不出话来，形容理屈词穷。	比喻不声不响，闭口无言。

妙笔生花

1. 研讨会上，大家纷纷表达了自己的观点，只有他缄口不言。
2. 伙房的大师傅和通讯员小安正在井边咬耳朵，看见她走过来就立即缄口了。（叶蔚林《蓝蓝的木兰溪》）

袖子里能放什么？

古时候，有一种手抄式的小型书籍，叫"袖珍本"。从南北朝时期开始，这种书就非常流行。它的体积特别小，小到可以放在袖子里①，以备随时查阅。

当时，人们大都得经过科举考试的选拔才能当官，袖珍本由于体积小，常常被用来做不恰当的事情——被偷偷地带进考场用于作弊。

除了袖珍本，人们也会把一些随身携带的小东西，如鼻烟壶、玉石配件等，放在袖子里，闲暇时拿出来使用或赏玩。包括袖珍本在内的精巧小玩意儿，因为能被放进袖子里，所以被称为"袖珍"。

小小公告栏

① 古人的一些衣服宽幅大袖，他们会在衣袖内侧缝一个口袋，用来放置一些小型物品。

袖珍

原意是袖中的珍品，现在常用来形容体积较小、便于携带的事物，或泛指小型的、小巧精致的事物。

◎ "袖珍本"是名词，指小巧的书籍；"袖珍"现在多用作形容词，例如"袖珍盆栽""袖珍火柴盒"等。

日积月累

◆ 趣味成语组合

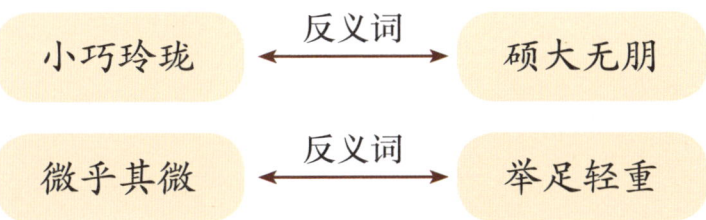

妙笔生花

1. 他收集了很多袖珍小玩意儿，样样都很讨喜。
2. 王奶奶做的工艺品虽然很袖珍，却具有很高的审美价值。

tián yā
填鸭

别把学生当鸭填

填鸭是一种强制养肥鸭子的方法。旧时,养鸭人会把高粱、绿豆、玉米、黑豆等有营养的东西磨成粉,制成长条形的饲料,填入鸭子的食道内。①

这些鸭子一天到晚都被关在狭窄的笼子里,吃饱后也没办法活动。采用这种"填鸭"的方式,鸭子能迅速长大、长肥,养鸭人可以在较短的时间内把鸭子卖出去赚钱。

有一种教育方式与这种养鸭子的方法类似。在教学过程中,有的老师不注重学生对教学内容的理解、吸收,只是为了应付考试,要求学生死记硬背。这种灌输知识的方法很像硬将食物灌进鸭子的嘴里。于是,人们就讥笑这种教育方式为"填鸭式教学"。

> 🏯 **小小公告栏**
>
> ① 随着科技的进步,采用这种传统饲养方法的养殖单位越来越少。

填鸭

指不管学生能否接受，只一味灌输知识的教学方法。

◎"填鸭"除了指不重理解、死记硬背的教育方式或一种强制育肥鸭子的方法之外，在某些地区也用来指一种烹饪方法：取出鸭子的内脏，再填入丰富的佐料，最后加以烹煮。在文章中看到"填鸭"这个词时，要仔细区分它的含义。

日积月累

◆ 表示学习死板的成语

囫囵吞枣	生搬硬套
比喻不加分析思考地笼统接受，不求理解消化。	指不顾实际情况，机械地套用别人的经验，照抄别人的做法。

妙笔生花

1. 填鸭式的教育对于孩子的成长没有帮助。
2. 一味地填鸭会使你深受某一本书或某一篇文章的影响，缺少创造力。

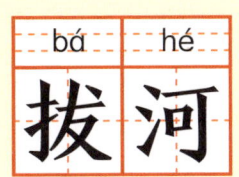

河上的运动

春秋时期,楚国境内有很多河流湖泊。因此,楚国不仅拥有陆军,还成立了强大的水军,并发明了一种叫"钩拒"①的兵器。钩拒是一种带有弯钩的绳索,用于水上作战。当敌人被打败、准备掉头逃跑时,楚军就用钩拒钩住敌人的战船,用力往后拉,让敌人没法脱身。

在没有战争的时候,军队经常用钩拒进行军事训练。士兵在将领的指挥下分成两组,模拟水军在船上作战的情形,奋力牵拉。这种军事训练被称作

"钩拒之戏"。

后来，钩拒之戏传入民间，逐渐演变为拔河比赛。比赛时，人们在大绳正中间插一面旗，在旗的两边各画一条竖线当作河界线，以河界线作为判定胜负的标准，哪一方被对方拉出河界线，哪一方就输了，所以叫拔河。早在唐代，拔河活动已经非常普遍了。当时的比赛规模很大，用来拔河的大绳有四五十丈长，两头分别系着数百条小绳子。参赛者在观众的呼喊声中拉扯绳索，争夺胜利。

时至今日，拔河作为一项传统运动项目，仍受到人们的广泛喜爱。

小小公告栏

①"钩拒"也写作"钩距"，相传是春秋战国时期著名的工匠鲁班发明的。

拔河

一种体育运动，人数相等的两队队员分别握住长绳两端，向相反的方向用力拉绳，把绳上系着标志的一点拉过规定的界线即为胜。

◎古代还有一个同音词叫"拔禾"，是农夫、庄稼汉的代称，与本文所言"拔河"的意思相差十万八千里。现在这个词已不常用。

日积月累

◆含有"拔河"的歇后语

半夜拔河——暗中使劲

众人拔河——同心协力

草绳子拔河——经不住拉

妙笔生花

1. 这次秋季运动会的拔河比赛，我们班获得了第一名。
2. 这一下，油纸伞变成降落伞，两人紧紧地把它拉住，像跟顽皮的风拔河。（高云览《小城春秋》）

踏青 tà qīng

春天来了去郊游

春天天气晴朗，鸟语花香，到处春意盎然、生机勃勃。古时候，不论王公贵族还是平民百姓，都会趁这个时节到野外郊游，一边散步，一边赏景，以此来放松身心。①

不过，由于我国地域辽阔，各个地方的气候不尽相同，春草的生长有早有晚，所以踏青的时间也不太一样。根据旧时的习俗，一般以清明节为"踏青节"②，也就是在清明前后，到郊外祭祖扫墓时，顺便欣赏大自然的美景，寻访春天的足迹。

后来，人们便将"踏青"作为春日郊游的代称。

小小公告栏

① 古人踏青的习俗，在晋代已经有记载，唐宋时期更为盛行。唐代著名诗人孟浩然有"岁岁春草生，踏青二三月"的诗句。

② 在古代，清明节除了踏青，还有蹴鞠（cùjū）、放风筝、斗鸡、插柳等风俗，各地不一。

踏青

清明节前后到郊外散步游玩。

◎ "踏青"是指春天来临时，人们趁着美景当前去野外郊游。"远足""郊游"同样是指到野外散心游玩，却不限定在春天。

日积月累

◆ 成语小接龙

春风化雨 ➡ 雨过天晴 ➡ 晴空万里 ➡ 里应外合

妙笔生花

1. 在春光明媚的日子里，老师带领全班同学到郊外踏青。
2. 我们举行一次踏青的旅行也好。（柔石《二月》）

孔子不借伞

孔子是春秋时期伟大的教育家，门下有很多弟子。孔子不仅向弟子传授书本上的知识，还常常用日常生活中的事例来启发他们。

有一天，孔子正准备出门，天突然下起雨来。因为没有伞，孔子只好待在屋里等雨停。

一个学生说："老师，子夏①有一把伞，您可以先借用一下，这样就不会耽误出门了。"

孔子听了，摇摇头说："子夏这个人很爱惜财物。我向他借伞，如果他不借给我，别人会觉得他不尊重师长；如果他借给我，他自己就会心疼。我们和别人交往，要多赞扬对方的长处（'推其长者'②），有意识地掩盖对方的缺点（'违其短者'），这样两个人的交情才能长久。"

学生听了恍然大悟，理解了老师的苦心，更加佩服老师的为人了。

后来，人们把"违其短者"演化成"护短"一词，指为自己或与自己有关的人的缺点或过失辩护。

小小公告栏

① 子夏是"孔门七十二贤"之一。他很有才华，但是比较小气。

② "推其长者"与下文的"违其短者"皆选自《孔子家语》，大意是：应该褒扬他人的长处，掩藏他人的缺点。

为自己或与自己有关的人的缺点或过失辩护。

日积月累

◆含有"护短"的谚语

树怕剥皮,人怕护短。

惜钱休教子,护短莫从师。

小错护短,大错不远。

妙笔生花

1. 对媒体反映的问题,这家公司没有护短,而是认真改正了错误。
2. 你父母之情,未免护短。(〔明〕凌濛初《初刻拍案惊奇》)

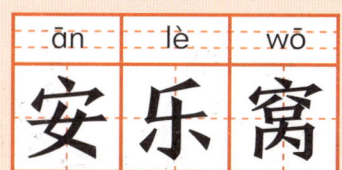

住在这里最快乐

今天洛阳市洛龙区的安乐村，有宋代著名理学家邵雍(yōng)的故居。邵雍上知天文，下知地理，通晓五行八卦，其才华与德行均受世人敬仰。

据说，邵雍刚搬到洛阳的时候，住的房子非常简陋，甚至不能挡风遮雨，他亲自打柴、烧火来侍奉自己的父母。他的朋友司马光等人敬重他的才

学，筹措了一些钱，给他买了一处宅子。从此，邵雍依据时节播种收获，过着自得其乐的日子。他给这处宅子起了个名字，叫"安乐窝"，还自号"安乐先生"。①

后来，人们用"安乐窝"来比喻给人安稳快乐的栖身之处。

小小公告栏

① 据传，邵雍在安乐窝居住的时候，经常在农闲时节出入城乡游历。人们都很敬重邵雍，一些有钱人还在洛阳周围建了几个精致的小屋，方便邵雍路过的时候歇脚或者住宿，人称"行窝"。

安乐窝

安逸舒适的生活处所。

◎"安乐窝"与"世外桃源"的意思相近，但又不完全相同。前者偏重指居住的寓所很舒适，让人感到身心畅快；后者则是指不受外界影响的地方，或者幻想中的美好世界。

日积月累

◆ 形容住宅简陋的成语

蓬门荜户

用草、树枝等做成的门户，形容穷苦人家居住的简陋房屋。

挂席为门

挂着破席子当门，形容贫穷或居住简陋。

妙笔生花

1. 他的家虽然没有豪华的装饰，但是布置得很温馨，对他来说是个安乐窝。
2. 四山便是清凉国，一室可为安乐窝。（〔宋〕戴复古《访赵东野》）

忘记怎么走路的人

战国时期有个燕国人,觉得赵国的邯郸(hán dān)人走路姿态很优美,便特意前去学习。结果他不但没学会邯郸人的走路姿势,连自己原来的走路姿势也忘了,只好爬回家去。这就是"故步"的典故。①

战国时期的名士公孙龙觉得自己很博学,却偏偏无法理解庄子的言论。于是,他向魏国的公子魏牟(móu)请教这是怎么一回事。魏牟认为公孙龙见识浅薄,眼界狭小,根本无法通晓庄子言论的玄妙。

因此,魏牟用"故步"的典故劝公孙龙别再学庄子的言论了,免得到最后不但学问没学成,还丧失自己原有的见解。公孙龙听了这番话,尴尬地站在那里,不知道说什么才好。②

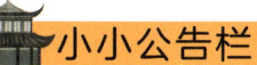
小小公告栏

① 后人将这个故事浓缩为"邯郸学步"这个成语，比喻模仿别人不成，反而丧失了原有的技能。

② 《庄子》中说公孙龙听了魏牟的话，"口呿（qū，张开嘴巴的样子）而不合，舌举而不下"，这也是成语"张口结舌"的由来。

故步

走老步子。常与"自封"连用,"故步自封"形容人安于现状,不求进步。

◎"故步自封"与"夜郎自大"常被混用,二者的意思不同。"故步自封"强调人不知变通,只会刻板地遵守老规矩;"夜郎自大"强调见识浅薄,自以为了不起。

日积月累

◆表示缺乏创新的成语

墨守成规	因循守旧
比喻固执地按照老一套办,不求改进。	指死守老一套,不求革新。

妙笔生花

1. 故步而不求新求变,自然跟不上时代的步伐。

2. 你心胸开阔,气度那么从容!你不随波逐流,也不故步自封。
   (郭沫若《屈原》)

看到羹汤就出门

据说,唐代宣城有个著名的歌伎①叫史凤,她的歌喉清脆,舞姿优美,仰慕她的客人非常多。

史凤把来拜访她的客人分成三等:

第一等客人既有钱又有学问,可以享受"贵宾级"的招待,有舒适的座位和美味的食物。

第二等客人有钱没学问,可以悠闲地坐下来,喝上等的茶水。

至于既没钱也没才学的客人,是最下等的。他们连史凤的面都见不到,只会由侍女端上一碗羹汤②,让他们喝了以后离开。

时间久了,对于史凤招待客人的方式,大家都心知肚明。有些客人刚进门不久,一看到羹汤端上来了,就知道自己该"拍屁股走人"了。

小小公告栏

① "歌伎"指古代以表演歌舞为业的女子。

② "羹汤"指用肉类、蔬菜等混合煮成的浓汤。

吃闭门羹

被主人拒之门外或主人不在、门锁着,对于上门的人来说叫"吃闭门羹"。

◎被对方拒绝见面,叫"吃闭门羹";拒绝见对方,则说"给他闭门羹吃"。

日积月累

◆含有"吃闭门羹"的歇后语

半夜下馆子——吃闭门羹

妙笔生花

1. 他刚当业务员时,由于经验不足,总是三番五次地吃闭门羹。
2. 拜访朋友,一定要提前打招呼,免得吃闭门羹。

座右铭

亡命天涯的感悟

崔瑗字子玉,是东汉时期的文学家和书法家。他年轻时十分好学,有着远大的抱负,只不过血气方刚,做事不够谨慎。

有一天,崔瑗的哥哥被人杀害。崔瑗听到消息后,非常愤怒,拿起刀就要去报仇。邻居拉住他苦苦相劝,可他根本不听,执意要为哥哥报仇。崔瑗杀了仇人后,遭到官府的追捕,在外逃亡多年,后来朝廷大赦,他才结束了亡命生涯。

回到家乡后,崔瑗痛定思痛,写了一篇警示自己的文章——《座右铭》,时时提醒自己不说别人的短处,不炫耀自己的长处;为他人做了事不要时时记挂,得到他人的帮助则要永远记住……后来,人们就把用来警示自己的格言称为"座右铭"。

座右铭

写出来放在座位旁边的格言，泛指激励、警醒自己的格言。

◎"座右铭""格言""警语"的意思和作用不太相同。"座右铭"偏重指写出来放在座位旁，随时可看见的、用来自警的文字。"格言"泛指含有教育意义的话，一般较为精练，对象是众人。"警语"指有警示意味的标语。

日积月累

◆适合做座右铭的语句

一分耕耘，一分收获。

书山有路勤为径，学海无涯苦作舟。

海阔凭鱼跃，天高任鸟飞。

妙笔生花

1. "谨言慎行"是我多年来的座右铭。

2. 他把座右铭贴在书房里，时刻提醒自己要努力学习。

保证立刻服务!

18世纪,英国伦敦的酒店常在餐桌上摆一个碗,上面写着"保证立刻服务"。如果客人想得到更好的招待,就将零钱放进碗里,服务生会过去收取,并提供迅速而亲切的服务。后来,当人们到餐厅或某些店铺里消费时,为了感谢服务人员,便拿出一点钱慰劳他们,这些钱被统称为"小费"①。

支付小费的方式有很多种:有的人直接把钱交给服务人员;有的人则悄悄地把钱放在杯盘下面;还有的人在付账后只将找回来的整款带走,余钱则充作小费。

小小公告栏

① "小费"这个词是从英语"Tip"翻译而来的。"Tip"是由"To insure prompt service"（保证立刻服务）的前三个单词的第一个字母组合而成的。我国古代有"赏钱"，其作用类似"小费"。获得赏钱的对象通常为店小二、书童、车夫等。

小费

顾客、旅客额外给饭馆、旅馆等行业中服务人员的钱。

◎"小费"的金额通常不大，即使客人出手大方，给了较大的数目，依然叫"小费"。

妙笔生花

1. 王叔叔到餐厅消费时给了服务员十元钱的小费。
2. 阿刘忽然进来，哭丧着脸向他讨小费。（钱锺书《围城》）

里程碑

里程标志的演变

很久很久以前，人们每隔一段距离就会在路旁堆一个土堆，标记里程。这个土堆就叫"土堠"，而里程则被称为"堠程"。

南北朝时期，每隔一里的距离会设置一个堠。到了唐朝，则改成五里一堠、十里双堠。①北周时期，长安城附近不再用土堆，而是改种槐树代替土堠。宋朝以后开始流行用石块作为记录里程的标志物。后来，人们又用条石、混凝土做成碑状物，在上面刻上文字、数字以及道路的编号。以上这些都被称为"里程碑"。

设置这样的标志，有助于在路上通行

的人辨认自己所处的位置,判断目的地的远近。

随着词义的演变,"里程碑"一词现在不仅仅指设立在道路两旁表示距离的标志,还指事情在发展过程中经历的某一重要节点或达成的重要目标。

小小公告栏

① 唐代大诗人韩愈曾专门写过一首关于"堠"的诗《路傍堠》。诗中说:"堆堆路傍堠,一双复一只。迎我出秦关,送我入楚泽。"可见"堠"在当时比较常见。

里程碑

1. 设于道路旁边用以记载里数的标志。
2. 比喻在历史发展过程中可以作为标志的大事。

◎里程碑的"碑"是"石"字旁，不要写成与其字形相近的"牌"。另外要注意，如果事情暂停且不具有重要性，则不宜用"里程碑"来形容，可以说"事情告一段落"。

日积月累

◆表示意义或地位重大的成语

惊天动地
形容声势浩大，或者意义、影响极大。

举足轻重
形容所处地位重要，一举一动对全局有重大影响。

妙笔生花

1. 获得这个奖项，可说是他人生中的一个重要里程碑。
2. 《红楼梦》是我国古代文学发展史上的一座里程碑。

马拉松
（mǎ lā sōng）

纪念勇敢的报信人

公元前5世纪，波斯帝国的领土跨越欧、亚、非三大洲，国力强盛。当时的希腊是个尚未统一的城邦①国家。公元前490年，波斯的国王大流士一世派大军攻打希腊。没想到，兵力较弱的希腊，竟然在阿提卡半岛东北部的马拉松平原大败波斯军队。

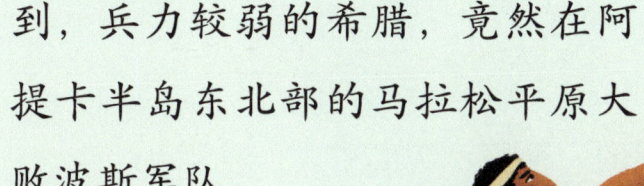

希腊军队取得胜利后，派士兵斐迪辟从战胜地马拉松一路狂奔了四十多公里回到雅典，传递这个捷报。然而，斐迪辟跑回雅典高呼胜利之后，却因精疲力竭而倒在地上，停止了呼吸……

后来，人们为了纪念斐迪辟，开始举办长距离跑步比赛，并把这种比赛称为"马拉松"。从马拉松到雅典的距离，也成了马拉松赛跑的规定长度。②

小小公告栏

① "城邦"是古代的一种国家组成形式，通常以一个城市为中心，包括其周围的村社构成。

② 现代马拉松赛跑全程约为42.2公里。

马拉松

1. 马拉松赛跑的简称,一种超长距离赛跑。
2. 比喻时间持续得很久(多含贬义,如马拉松会议、马拉松演讲等)。

◎ "马拉松"为超长距离赛跑。另有一种远距离赛跑,因其在野外进行,被称为"越野赛跑",男、女青年组竞赛距离分别为8000米和4000米。

日积月累

◆ 表示珍惜时间的谚语

一寸光阴一寸金,寸金难买寸光阴。

花有重开日,人无再少年。

妙笔生花

1. 这场**马拉松**会议,耗尽了参会者的精力。
2. 他像个**马拉松**运动员一样,不知到底走了多少里程。(从维熙《远去的白帆》)

图书在版编目（CIP）数据

有故事的词语. 2 / 周姚萍著. — 青岛：青岛出版社, 2023.6

ISBN 978-7-5736-1202-1

Ⅰ.①有… Ⅱ.①周… Ⅲ.①汉语—词语—小学—教学参考资料 Ⅳ.①G624.203

中国国家版本馆CIP数据核字（2023）第097645号

中文简体字版由五南图书出版股份有限公司经台湾巴思里那有限公司授权。
山东省版权局著作权合同登记号　图字：15-2020-126号

书　　名	YOU GUSHI DE CIYU 有故事的词语②	
著　　者	周姚萍	
出版发行	青岛出版社	
社　　址	青岛市崂山区海尔路182号（266061）	
本社网址	http://www.qdpub.com	
邮购电话	0532-68068091	
责任编辑	步昕程　李晗菲	
特约编辑	李子奇　刘　鹏	
版式设计	桃　子　李　艳	
封面设计	青岛艺非凡文化传播有限公司	
全书插图	刘　璐　胡　龙　滕　乐	
照　　排	青岛可视文化传媒有限公司	
印　　刷	青岛乐喜力科技发展有限公司	
出版日期	2023年6月第1版　2023年6月第1次印刷	
开　　本	16开（710 mm×1000 mm）	
印　　张	17.5	
字　　数	300千	
书　　号	ISBN 978-7-5736-1202-1	
定　　价	120.00元（全3册）	

编校印装质量、盗版监督服务电话　4006532017　0532-68068050

有故事的词语 3

周姚萍 / 著

青岛出版集团 | 青岛出版社

阅读有趣的故事，
学习常用的词语，
探索语言的奥秘！

亲爱的小朋友，你喜欢读书吗？你喜欢写作吗？

如果你还没有掌握遣词造句的窍门，就请好好阅读这套书！通过它，你会收获满满的词语知识。如果你已经是写作高手了，那这套书将帮助你继续提升语文水平。

《有故事的词语》是儿童文学作家周姚萍专门为少年儿童编写的词语故事书，集知识性、实用性和趣味性于一体。书里有许多有意思、有生命力的词语，为了让你更好地认识它们，作者用心搜集编写了许多浅显易懂的小故事。"小小公告栏""日积月累""妙笔生花"等小栏目，能从词语应用的角度，帮助你拓展语文知识，积累词汇量，掌握词语的正确使用方法。全书配有充满童趣的插图，可以让你充分体验阅读的轻松与快乐。

话不多说，从现在开始，让我们踏上精彩纷呈的拾慧之旅吧！相信通过这套书，你一定会爱上阅读，爱上写作！

故事导入

用生动有趣的文字讲述词语背后的故事，让你在轻松愉快的阅读过程中，学习如何遣词造句。

小小公告栏

对故事中出现的知识点做清晰明确的梳理，普及历史典故和文学常识。

词语释义

严谨考究的解释，帮助你全面理解词语的含义；大字描红，教你书写正确美观的汉字。

日积月累

延伸相关的字词知识，包括近义词、反义词、成语、歇后语、名言警句、古诗词等，真正做到读一个故事，学多种知识。

妙笔生花

经典造句与名家例句搭配呈现，展示常见的词语应用场景，让你学会在生活和写作中恰当地使用词语。

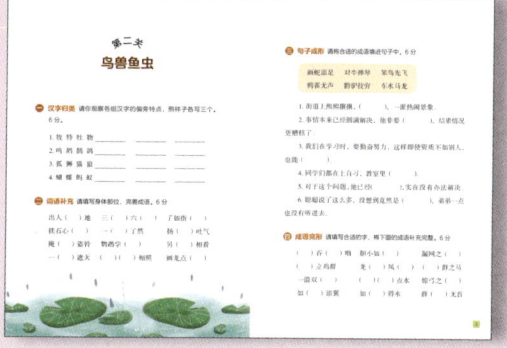

附赠《词语练习册》一份，请你在实践中检验自己的语文能力吧！

目录

人中之龙　谁是真正的"龙"？　001

月老　红线的魔力　004

抓周　成就如何，一抓即知　007

公主　公主，变！变！变！　010

伯乐　"超级"相马术　014

和事佬　和事天子，糊涂判官　017

官话　不会说"官话"要补习　020

娘子军　公主的军队　023

青鸟　西王母的使者　026

时髦　古今"时髦"大不同　029

沧桑　神仙也叹变化快　032

代庖　不能抢厨师的饭碗　035

鸡肋　破解军事行动的"密码"　038

汗青　竹子也出汗吗？　040

做东　好口才劝退数万兵　043

千金　还不尽的恩情　046

汗马功劳　马儿流汗有功劳　049

束脩　用干肉当学费　052

杏林　独特的谢礼　055

挂冠　摘下官帽的人　058

鸡鸣狗盗　小小技巧立大功　061

三月不知肉味　孔子最喜欢的音乐　065

桑梓　用途多多的树　068

下马威　太守上任第一天　071

下榻　特殊的礼遇　074

杜康　树洞里酿成的美酒　077

知音　只有你懂我　080

忘年交　年龄不是问题，性格拉近距离　083

技痒　听到音乐，全身发痒　086

谁是真正的"龙"?

晋朝有个人叫宋纤(xiān),字令艾,他在少年时就刻苦读书,学有所成后,隐居在酒泉的南山①,专心研究经学②。

宋纤热心教育,相传他教的学生多达三千人,在当时有很大的影响。他不但博学多闻,还具有高尚的品德和情操,行事沉着稳重。宋纤生性安静,不喜欢与那些追求功名利禄的人交往。州郡的长官多次请他出来做官,他都拒绝了。

酒泉太守马岌(jí)听说本地有宋纤这样的人才，非常仰慕，于是特地安排了威严的仪仗，敲锣打鼓地去山里拜访他，没想到也吃了闭门羹。马岌感慨地说："我听闻宋先生的名声，仰慕他的品德，却怎么也见不到他本人。现在我总算知道了，宋先生就像人中之龙，拥有非凡的才能，一般人难以见到他啊！"

小小公告栏

① "南山"指位于酒泉南边的祁连山，那里有森林、峡谷、瀑布、河流，是很好的隐居之地。

② "经学"原本泛指研究各门学说要义的学问，汉代以后特指把儒家经典当作研究对象的学问。宋纤曾经为《论语》做过注解。

人中之龙

出自《晋书·宋纤传》:"吾而今而后知先生人中之龙也。"比喻卓越出众的人物。

◎ "人中之龙"是个成语,含褒义,强调某人不但才能、学识出众,还具有优秀的品格。

日积月累

◆ 近义词

栋梁之材　　栋梁之器

◆ 反义词

凡夫俗子　　酒囊饭袋

妙笔生花

1. 杨教授不仅很有学问,而且品格高尚,真是人中之龙啊!
2. 刘备,人中之龙也,生平未尝得水。今得荆州,是困龙入大海矣。(〔明〕罗贯中《三国演义》)

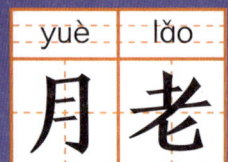

红线的魔力

唐朝有个叫韦固的书生。据说，他在拜访朋友的途中遇到了一位在月光下翻阅大书的老人，老人的身旁还放着一个大袋子。

韦固很好奇，便跟老人攀谈起来。老人告诉他，大书里记载着天下男女的婚姻状况，袋子里则装满了红线。①老人将红线的两端分别系在男人和女人的脚上，这对男女便会结为夫妻。

韦固问老人是否知道他未来的妻子是谁。老人带他走到附近的集市上，指着一个被盲妇抱着的女孩说："她就是你未来的妻子，你脚上的红线就系在她身上。"韦固不相信老人的话，还吩咐家奴把那个女孩杀掉。可家奴生性胆小，只用刀划破女孩的眉心便落荒而逃了。

　　转眼很多年过去了，韦固终于与心仪的女子成婚。新婚之夜，他发现妻子的眉心竟然有一道疤。经过询问，韦固才知道妻子就是当年他见过的那个女孩。后来，韦固逢人就讲述这段奇遇，人们便把他当年遇到的那位老人称为"月下老人"，又叫"月老"。

小小公告栏

① 民间传说，每年七夕，七星娘娘会把未婚成年男女的名字整理成册，呈报天庭，再由月老编写一本姻缘名册，然后用红线拴住双方的脚，使男女配对，结为夫妻。

月老

原指主管婚姻的神仙,后泛指媒人。

◎我国民间又称"月老"为"月下老人""月下老儿"。传说他是天庭的一位神仙,是主管婚姻的红喜神,也就是媒神。

日积月累

◆意思相近的词语

媒人　媒妁(shuò)

妙笔生花

1. 多年来,张阿姨乐于当月老,已经促成了好几对夫妻。
2. 当日两位月老,齐到娄府。(〔清〕吴敬梓《儒林外史》)

抓周 zhuā zhōu

成就如何，一抓即知

古人相信，在婴儿周岁的时候，准备不同种类的物品①让他抓，根据他抓到的物品可以预知他未来的成就，这种习俗叫"抓周"。抓周在南北朝时便已十分流行，唐宋时期更是盛行全国。

宋太祖赵匡胤(yìn)的手下有个大将叫曹彬。据说在曹彬周岁时，他的父母为了预测他的志向，把很多

物品放在一个大盘子里让他去抓。曹彬抓了干戈②和印。他的父母由此认为，他以后可能会成为一名将军。果然，曹彬长大后成为一员武将，跟随宋太祖南征北战，战功赫赫。

小小公告栏

① 抓周的物品往往经过细心挑选。按照这一民间习俗，婴儿抓到笔墨，表示将来可能成为作家、书法家；抓到钱币，表示将来可能会很富有。

② "干"和"戈"分别是古代作战时常用的防御和进攻的武器，人们常用"干戈"一词作为兵器的通称。本文中曹彬抓的干戈，应该是武器形状的模型或玩具。

抓周

旧俗，婴儿周岁时，父母摆上各种物品任其抓取，以此来预测婴儿将来的志向、爱好、职业等。

◎"抓周"的"抓"指聚拢手指握住物体，与"捉拿"的"捉"意思不同。"周"指周岁，即满一岁的意思。不要把"抓周"误写为"捉周"。

妙笔生花

1. 抓周的习俗反映了父母望子成龙、望女成凤的美好心愿。
2. 我却记得你抓周的日子，犹如在目前一样。

　　（〔清〕蘧园《负曝闲谈》）

公主

公主,变!变!变!

周朝时,因为周天子姓姬,所以他的女儿被称为"王姬"。作为一国之君的女儿,王姬的婚礼享有一般人没有的待遇——由和她们同姓的、地位崇高的公侯①担任主婚人。

由此产生了"公主"(有"公侯主持"之意)一词。

后来,"公主"一词渐渐演变为对天子女儿的尊称。

战国时期，国君的女儿也被称为公主。到了秦汉时期，这个称号成为专有名词。再后来，王莽篡夺汉朝政权②，建立了新王朝，为了彰显与旧朝的不同，他把"公主"改称为"室主"。

到了北宋时期，"公主"又变为"帝姬"。这样来来回回，一直到南宋时期，帝王的女儿才又被称为"公主"。

小小公告栏

① 古代封爵分五等：公、侯、伯、子、男。

② 王莽在担任大司马时，先以礼贤下士、勤俭无私的形象收买人心，而后利用处理朝政的机会，散布他是真命天子的谣言，最终逼迫皇帝让位。

公主

今指君主的女儿。

◎ "公主"是指君主的女儿,"主公"则是臣仆对国君或主人的尊称。先秦时期,诸侯的女儿被称作"女公子",诸侯的儿子则被称作"公子"。

日积月累

◆ 形容女子有风范的成语

大家闺秀	雍容华贵
旧指出身名门有才德的女子。	形容人举止文雅,衣着华丽。

妙笔生花

1. 她是一位既美丽又善良的公主。
2. 那女子道:"我是天竺国国王的公主。因为月下观花,被风刮来的。"(〔明〕吴承恩《西游记》)

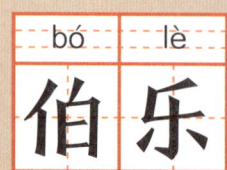

伯乐

bó lè

“超级”相马术

伯乐[1]是春秋时期著名的相（xiàng）马专家。伯乐晚年时，秦穆公请他推荐懂得识别千里马的人。伯乐向秦穆公推荐了九方皋（gāo）。

于是，秦穆公召见了九方皋，并派他去寻找千里马。

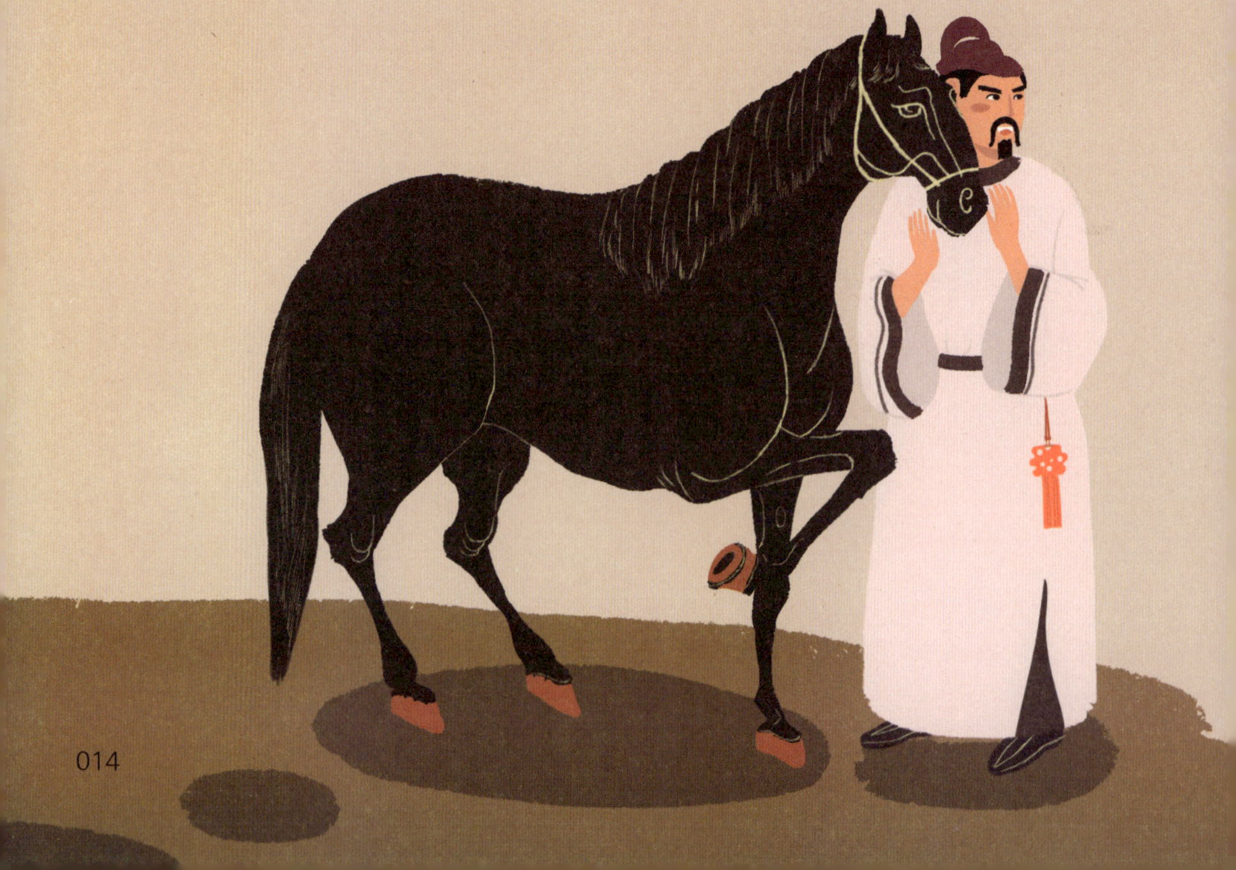

九方皋找了三个月，回来报告说，他找到了一匹黄色的千里马。秦穆公派人去牵马时，看到的却是一匹黑色的马。秦穆公很不高兴，责怪伯乐胡乱推荐。

伯乐却感叹道："想不到九方皋相马的技术高超到这种地步！他看马时，只看马的特征，不在意马的皮毛；只注重马的本质，不注重马的外表。"伯乐称赞九方皋的相马技术远远超过自己。事实证明，那匹马果真是一匹天下罕见的千里马。

小小公告栏

① "伯乐"本是星宿名，是传说中管理天界马匹的神仙。据说，春秋时期的孙阳，因为相马技术高超，所以被称为"伯乐"。后来，他将毕生的相马经验总结起来，写成了我国第一部相马学著作——《相马经》。

伯乐

春秋时期秦国人（也有人说是赵国人），善于相马，后借指善于发现和选用人才的人。

◎据说楚王曾经请伯乐寻找千里马。伯乐四处奔波，在路上看到一匹拉车的瘦马，他一听马的叫声就知道这是匹好马。伯乐把它买回去精心饲养，果然培养出一匹千里马。所以，"伯乐"也泛指懂得赏识别人的人。经由伯乐发掘出来的"千里马"，则成为才能杰出者的代称。

日积月累

◆含有"伯乐"的歇后语

伯乐挥鞭——骑马找马

伯乐相马——有眼力

妙笔生花

1. 张老师就像伯乐，把自己的学生培养成著名的音乐人。
2. 千里马常有，而伯乐不常有。（〔唐〕韩愈《马说》）

和事佬

和事天子，糊涂判官

唐中宗李显在位时，有个监察御史①叫崔琬。他发现中书令②宗楚客接受别人的贿赂，于是写了一封奏章检举他。

宗楚客因被检举而感到颜面尽失，不由得心怀怨恨。但崔琬自认为尽职尽责，问心无愧。他们为了这件事，关系闹得很僵。李显作为一国之君，本

应该下令彻查此事，确认到底是崔琬诬陷宗楚客，还是宗楚客做错了事不肯承认。但是李显并没有这么做，反而认为凡事以和为贵，命令二人结为兄弟，化解怨仇。

老百姓听说了这件事，都称这个是非不分的皇帝为"和事天子"。后来，这个词演变为"和事佬"。

> **小小公告栏**
>
> ①"监察御史"是古代官名，负责监察朝廷官吏。
> ②"中书令"是古代官名，帮助皇帝在宫廷处理政务。

和事佬

调停争端的人,特指无原则地进行调解的人。也作"和事老"。

◎ "和事佬"的"佬",本义是指成年男子。后来,这个称呼多了嘲讽和轻视的意味,含贬义。

日积月累

◆ 表示挑唆的成语

挑拨离间	搬弄是非
挑弄是非,破坏团结,使不和睦。	把别人的话传来传去或在背后乱加议论,引起纠纷。

妙笔生花

1. 爸爸在家里,可是个好好先生,遇事都当和事佬。
2. 别人一吵架,他就充当和事佬。

不会说"官话"要补习

我国古代官方通用的语言有"雅言""正音""官话"等不同称呼。古代中国的政治中心大多在北方,所以朝廷多以北方的方言作为通用语言。

据说,有一次,清朝的雍正皇帝召见福建籍和广东籍的官员,在询问他们当地的施政状况时,由于官员们的口音很重,他听得一头雾水①,觉得彼此无法沟通。

事后，雍正皇帝心想：肯定不止我与这些官员的沟通有问题，要是把福建籍的官员派到山东去，把广东籍的官员派到陕西去，他们怎么跟当地的老百姓交流呢？如果通过下属来"翻译"，不但很麻烦，而且容易产生误会。于是，雍正皇帝下了一道命令——不会说官话的人不能参加科举考试。他还派人在福建和广东设立官话补习机构，让不会说官话的官员去学习。

小小公告栏

① "一头雾水"形容摸不着头脑，糊里糊涂。例如："这场戏没有什么主题，看得我一头雾水。""说话要说清楚，否则听的人会一头雾水。"

官话

1. 普通话的旧称。作为汉民族共同语言的基础方言的北方话也称"官话"。
2. 官腔。

◎ "官话"也指旧时官场上的门面话，现在指利用规章、手续等敷衍推脱或责备的话。

日积月累

◆ 形容说话的成语

侃侃而谈	笨嘴拙舌
理直气壮、不慌不忙地说话。	形容人不善言辞，口才不好。

妙笔生花

1. 旧时一些文人，文章中充斥着空话、官话和套话。
2. 唯有经过水陆大码头，那些行户、买卖人都会说官话。

（〔清〕高静亭《正音撮要》）

niáng zǐ jūn
娘子军

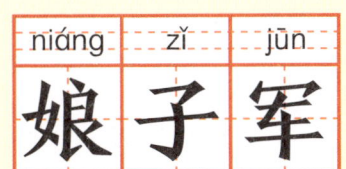

公主的军队

隋朝末年，李渊在晋阳起兵反抗隋朝。李渊的三女儿（即平阳公主[①]）变卖家产，筹了一笔钱，在家乡招募了一些逃亡的人，发给他们武器，组成一支军队支援父亲。人们称平阳公主为“李娘子”，将这支军队称作“娘子军”。

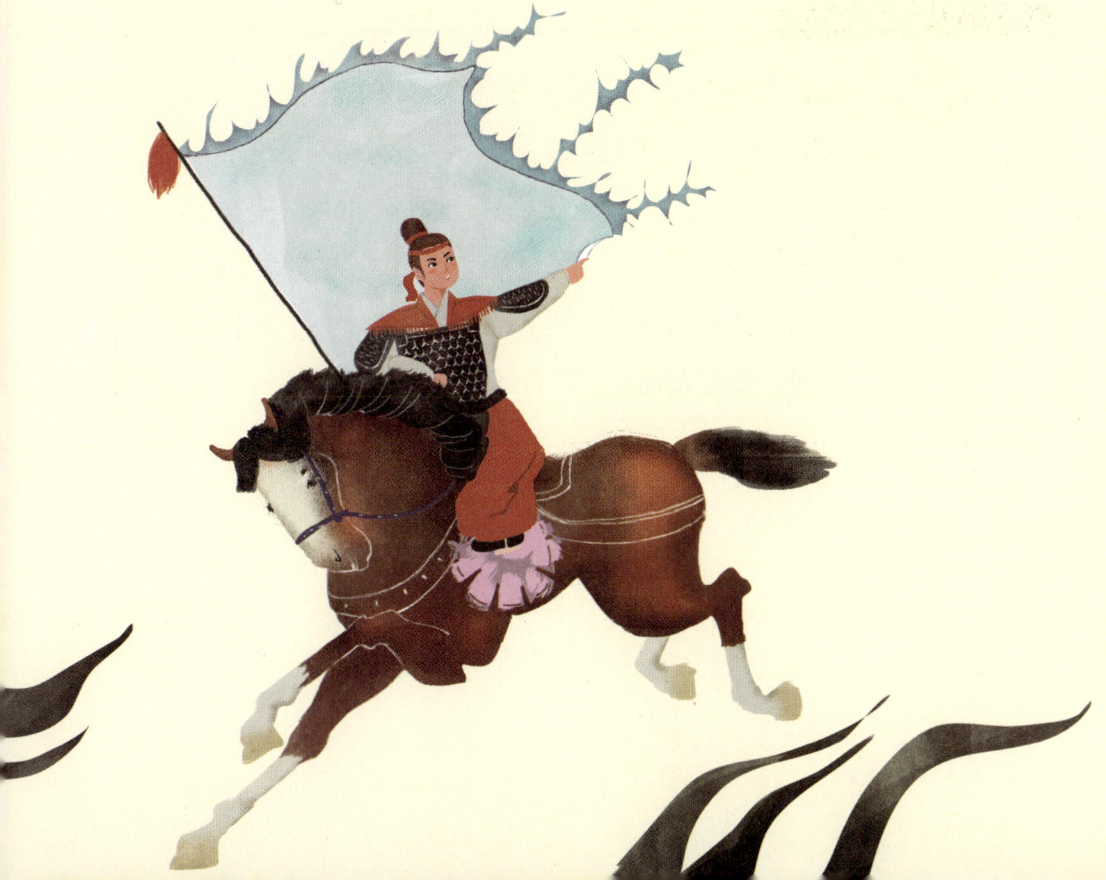

当时，朝廷不断派兵攻打平阳公主指挥的军队，却屡战屡败。娘子军夺取了许多地方，势力范围越来越广，军队的规模也日益壮大。据传，李渊率部渡过黄河攻打长安时，平阳公主挑选精兵，与弟弟李世民、丈夫柴绍的部队会合，和父亲一起攻进长安，灭亡了隋朝。

从那以后，"娘子军"的名声威震天下，人们再也不敢小看女子了。

小小公告栏

① 平阳公主的名字不详，她是唐高祖李渊的第三个女儿，在李渊夺得皇位后被封为"平阳公主"。据说，她死后，李渊破例以军礼安葬了她。当时，礼官认为用军礼下葬不合规矩。李渊反驳说："她生前总是亲临战场，身先士卒，从古到今何曾有过这样的女子？用军礼来安葬她，有什么不可以的？"

娘子军

原指隋末李渊的女儿平阳公主统率的军队，后来泛称由女子组成的队伍。

◎"娘子军"这个词，本义指由女性组成的军队，后来只要是女性组成的队伍（不局限于军队），都可以叫"娘子军"。

日积月累

◆ 形容战争的成语

兵荒马乱	狼烟四起
因战争而造成社会动乱。形容战时动荡不安的景象。	指到处都点燃了烽火。比喻到处都有战争或国内局势动荡。

妙笔生花

1. 这支娘子军的战斗力惊人，一点儿也不输给其他部队。
2. 他又叫慧英把娘子军扎在老营外边的小树林中，以备随时调遣。（姚雪垠《李自成》）

青鸟

西王母的使者

比利时作家梅特林克创作的童话剧剧本《青鸟》，讲述了两个孩子去寻找象征幸福的青鸟的故事。他们一路走过"记忆乡""夜宫""幸福宫"……最后空手而归，发现青鸟原来就在自己家中。这个故事广为流传，因此，西方人多将"青鸟"一词作为幸福的象征。

在我国神话故事中，青鸟则是指一种神鸟，它是西王母[①]的使者，每天为西王母衔来食物和日用品。传说，有一年的七月初七，汉武帝在宫中斋戒，临近中午时，有一只青鸟从西方飞来，停在宫殿前。汉武帝不知道这代表什么，便去询问大臣。大臣告诉他，这是西王母要驾临的征兆。不一会儿，西王母果然出现了。后来，人们就用"青鸟"作为使者的代称。

小小公告栏

① "西王母"是我国古代神话中的人物,传说中她"豹尾虎齿",掌管灾疫和刑罚。后来,其形象演变为雍容华贵的王母娘娘。

青鸟

1. 在西方文化里,"青鸟"是幸福的象征。
2. 在中国文化里,"青鸟"是西王母的使者,后来泛指奉命出使或传达信息的人。

◎ "青鸟"和"青鸾(luán)"都是我国古代神话中的神鸟,都有代指信使的用法。

日积月累

◆ 含有"鸟"的成语

鸟语花香

鸟儿叫,花儿飘香。多形容春天美好的环境和景色。

一石二鸟

一个石子打中两只鸟。比喻做一件事达到两个目的。

妙笔生花

1. 每个人都追寻青鸟,希望能找到幸福。
2. 忽逢青鸟使,邀入赤松家。

(〔唐〕孟浩然《清明日宴梅道士房》)

shí máo
时髦

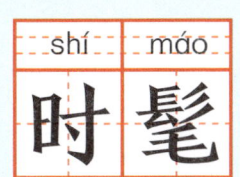

古今“时髦”大不同

东汉顺帝刚即位时，涌现出了许多优秀的人才，他们为汉朝建立了不少功勋，因此史书用“时髦允集”描述当时的盛况，意思是说众多杰出人士都聚集在这一时期。

据说明朝时，有一个读书人叫田洙（zhū），他受邀到附近的大户人家张运使[①]家里当老师。田洙去张府

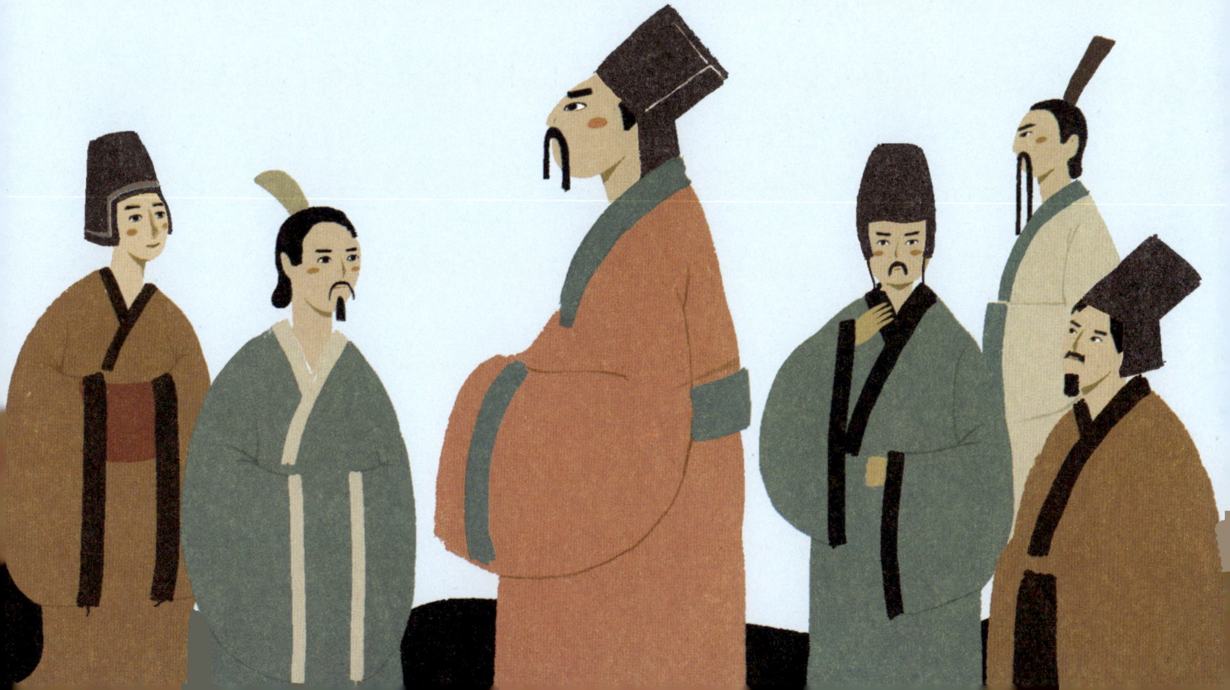

时，他的好朋友（也是当地知名的文人）都来送行，一直把他送到张府。张运使看到这么多"时髦"来到家里，非常高兴，赶紧吩咐仆人准备丰盛的酒席招待他们。②

后来，随着时代的发展，"时髦"一词的意思发生了改变，多用来表示流行、入时等，指代杰出之士的含义现在已不常用。

小小公告栏

① "运使"是官职名，为掌管军需粮饷等水陆运转事宜的官员。

② 这个故事出自明代凌濛初的《二刻拍案惊奇》，原文为："张家主人曾为运使，家道饶裕，见是老广文（对读书人的尊称）带了许多时髦到家，甚为欢喜，开筵相待。"

时髦

本义指一时的杰出人士，现在多用来形容人的装饰、衣着或其他事物新颖入时。

◎"髦"原指毛发中最长的部分，后比喻出众的人才。请注意别把它误写成"毛发"的"毛"。

日积月累

◆意思相近的词语

入时　流行　时兴

◆意思相反的词语

落伍　过时　落后

妙笔生花

1. 这个设计师的穿着打扮非常时髦。
2. 她很快地熟悉了新的事物，会给自己做一些时髦的衣服。

（何其芳《我们的历史在奔跑着》）

神仙也叹变化快

传说，有位仙人叫王方平①。一天，他到朋友家做客，突然想到自己和仙女麻姑②已经很久没见面了，于是派使者把麻姑也请来了。

宴席上，麻姑和王方平聊天叙旧。麻姑说："时间过得飞快，自从我上次见到你以后，东海已经三次变成农田了。刚才我在蓬莱仙岛巡视时，见周围的海水比我上次去时又浅了一半，难道那儿又要再度干涸，变成陆地吗？"王方平也感叹道："是

啊,那里一旦变成陆地,尘土又要漫天飞扬了。"

后来,人们把这个故事浓缩成"沧海桑田"这个成语,也可以简化为"沧桑"二字,比喻世事反复无常,变化很快。

小小公告栏

① 王方平,名远,字方平,东汉人,在桓帝时当过官,精通天文等知识,后来辞官隐居,传说在平都山升天成仙。

② 麻姑的形象为十八九岁的美貌女子,象征长寿,民间常以"麻姑献寿图"为祝寿贺礼。

沧桑

沧海桑田的略语。大海变成农田，农田变成大海，形容世事变化很大。

◎"沧桑"比喻世事变化无常，"历经沧桑"则指经历了很多的事情或变化。

日积月累

◆表示变化很大的成语

白衣苍狗	东海扬尘
天上的浮云像白衣裳，一会儿又变得像只黑狗。比喻世事变化无常。	东海扬起尘土。指大海变成陆地。比喻世事变化巨大。

妙笔生花

1. 爷爷十几岁就出来做生意，他历尽沧桑，好不容易才拥有现在的稳定生活。

2. 乍想起琼花当年吹暗香，几点新亭，无限沧桑。

  （〔明〕汤显祖《牡丹亭》）

代(dài) 庖(páo)

不能抢厨师的饭碗

我国古代有一个叫许由的人,他品格高尚,深受人们推崇。

据说,尧想把帝位让给许由,许由却不肯接受。①他说:"你已经将天下治理得那么好了,我难道会为了虚名来取代你吗?小鸟在林中筑巢,所占据的不过是一根树枝；鼹(yǎn)鼠到河边喝水，所需要的不过是解渴的分量。我要这么大的天下做什么呢？即使厨师不下厨，负责主祭的人也不能因此而放下祭器，代替厨师去烹煮食物啊！"

"越俎(zǔ)代庖"这个成语就是从许由所说的"庖人虽不治庖，尸祝②不越樽(zūn)俎而代之矣"这句话演变而来的，后来简化为"代庖"一词。

小小公告栏

① 传说许由不想继承帝位，便躲到箕（jī）山之下，后人就以"箕山之志"代指隐居者的高尚气节。

② "尸祝"是古代祭祀时对神主掌祝的人，也叫主祭人。

代庖

比喻代做别人的事或代理他人的职务。

◎ "代庖"本指逾越职权帮人做事,后来含义越来越广泛,凡是帮人代劳、代办事情,都可以称为"代庖"。"庖"除了指厨师外,也指厨房。

日积月累

◆ 意思相近的词语

代办　代劳　代替

妙笔生花

1. 管理仓库是你的职责,我怎么能代庖呢?
2. 曲突翻成沼,行廊却代庖。(〔唐〕元稹《江边四十韵》)

鸡肋 jī lèi

破解军事行动的"密码"

三国时期,曹操出兵攻打据守汉中的刘备。两军多次交锋后,曹操发现战况不利,便打算退兵。可带着大军无功而返,他的面子又挂不住。为此,曹操进退两难,心烦意乱。

一天,部下向曹操请示军队夜间行进的口令,曹操随口说了两个字:"鸡肋。"幕僚杨修听到后,马上收拾行李准备离开。别人问杨修为什么,杨修说:"'鸡肋'不就是鸡的肋骨嘛,它肉少骨头多,

吃起来没什么味道，但丢掉又觉得可惜。现在主公把'鸡肋'作为口令，表示他其实不想在这个地方耗费兵力。我觉得他肯定会下令撤军，大家可以准备回家了。"

　　杨修一语就解开了"鸡肋"的秘密，连曹操也惊讶不已！

鸡肋

鸡的肋骨，吃着没有多少肉，扔了又可惜。比喻没有多大价值、多大意思的事物或事情。

◎请注意，别把"肋"写成"威胁"的"胁"。

妙笔生花

1. 这里原来是繁忙的港口，但自从航道淤积后，它就成了人们眼中的鸡肋。
2. 鸡肋者，食之无肉，弃之有味。（〔明〕罗贯中《三国演义》）

汗青 hàn qīng

竹子也出汗吗？

春秋战国时期，纸张还没有被发明出来，当时发生的重要事件大都记载在竹简①上。

尽管青绿色的竹子表面很光滑，可是如果不经过处理，写上去的字②就不容易保存，所以制作竹

简时有一道特别的工序——用火把竹板里的水分全部烤干。这样就能使写在上面的文字长期保持清晰。另外，经过火烤的竹简即使过了很长的时间，仍然可以保持干燥，不容易腐烂或生虫。

在烤干竹片的过程中，青色的竹皮会冒出水来，与人出汗的现象类似，因此人们称之为"汗青"。后来，"汗青"被用来指代成书，特别是史册。

小小公告栏

① 除了竹简，人们还在一种狭长的木片上书写文字，它被称为"札"或"牍（dú）"。

② 竹简上的字是用毛笔写的。毛笔在战国时期已经广泛应用。

汗青

1. 后世把著作完成叫作"汗青"。
2. 指史册。

◎还有一个词叫"杀青",除了泛指写定著作外,也是绿茶加工制作的第一道工序:把摘下的嫩叶加高温,抑制发酵,使茶叶保持绿色,同时减少叶中的水分,使叶片变软,便于进一步加工。

日积月累

◆ 含有"青"的成语

名垂青史
好的名声和事迹载入史籍,永远流传。

炉火纯青
比喻学问、技艺、品德、修养等达到纯熟、完美的境界。

妙笔生花

1. 芳名垂汗青,千载永不灭。
2. 人生自古谁无死,留取丹心照汗青。
　　(〔宋〕文天祥《过零丁洋》)

好口才劝退数万兵

春秋时期,秦、晋两国联合攻打郑国,大军直逼郑国国都,郑国的形势非常危急。郑文公派说客①烛之武去见秦穆公,请秦国退兵。

烛之武以秦、晋两国原有的矛盾②为突破口,对秦穆公说:"秦国和晋国一起围攻郑国,郑国一定会灭亡。但郑国的灭亡对秦国并没有什么好处,只会使晋国的领土得到扩张。相反,如果您让郑国生存下来,秦国的使者往来经过时,郑国就能做东边

道路上的主人③，招待秦国的使者。这对秦国难道没有好处吗？此外，野心勃勃的晋国在得到郑国的土地后，一定会威胁秦国。所以还是请您慎重考虑一下，是否继续围攻郑国。"

秦穆公听了烛之武的话，觉得非常有道理，很快就下令退兵了。

小小公告栏

① "说客"是游说之士，指善于用言语说动对方的人。春秋战国时期有很多著名的说客，如子贡、苏秦、张仪等。

② 秦国曾有恩于晋国，但晋国并没有遵守承诺送给秦国土地。

③ 当时郑国在秦国的东边，可以接待秦国出使东方各国的使节，故称"东道主"。

做东

当东道主，以主人的身份招待客人。

◎ "做东"就是当主人，款待客人。古代举行宴会时，主人坐在东边的位置。后来，"做东"就成了做主人的代称。

日积月累

◆形容口才好的成语

对答如流	出口成章
答话像水流一样顺畅，形容反应敏捷，口才好。	说出话来就成文章。形容文思敏捷，口才极好。

妙笔生花

1. 今天爸爸做东，亲朋好友聚在一起，非常热闹。
2. 黄先生既然喜欢会贤居，让我做东，我们就一同陪着走走罢。

（许地山《东野先生》）

还不尽的恩情

春秋时期,楚国的伍子胥和他的父亲、哥哥,都在朝廷为官。楚王听信小人的谗言,把伍子胥的父亲、哥哥杀害了。伍子胥逃了出来,向吴国奔去。

传说,逃亡途中,伍子胥没有东西吃,饿得肚子咕咕直叫。这时,他看到一位姑娘正在溪边浣纱,她身旁的竹筐里正好有饭。

伍子胥走上前,请求姑娘给他一些食物吃。姑娘慷慨地答应了,把自己的饭送给了伍子胥。伍子胥饱餐一顿后,准备启程。他刚走没几步，便转过身来，对那个姑娘说："我是楚国的逃犯，希望你不要把我的行踪告诉其他人。"姑娘听后，觉得伍子胥不信任她，感到人格受到侮辱，便抱着一块石头跳河自尽了。

伍子胥羞愧难当，暗自下定决心：等我将来有能力了，要用千金①回报姑娘的恩情。

后来，伍子胥当上了吴国的大官。他信守承诺，准备了千金，要去报答那个姑娘的家人，却不知道姑娘的家在哪里。他只好把千金投进姑娘当时跳河的地方，以报答她的一饭之恩。

小小公告栏

①"金"除了表示黄金之外，还是我国古代的一种货币计量单位，"千金"实谓黄金千斤。汉代以一斤金为一金，值万钱。后人借用"千金"表示非常贵重。

千金

1. 指很多的钱。
2. 形容贵重，珍贵。
3. 敬称别人的女儿，含有尊贵之意。

◎ "千金"一词由来已久，曾经用来比喻出类拔萃的少年男子，后用来指称大户人家的女儿。元杂剧《薛仁贵荣归故里》中，有"千金小姐"的说法。

日积月累

◆ 含有"千金"的成语

千金难买
千金也难买到。形容极其珍贵。

一诺千金
许下的一个诺言有千金的价值。形容说话算数，极有信用。

妙笔生花

1. 小莹姐姐是张伯伯的千金。
2. 薛姨妈叹道："怨不得她，真真是侯门千金，而且又小，哪里知道这个？"（〔清〕曹雪芹《红楼梦》）

汗马功劳

hàn mǎ gōng láo

马儿流汗有功劳

古代打仗时,有的将士骑着马在沙场上飞驰。在两军冲锋陷阵的过程中,马不断奔跑,会流出大量的汗。战斗的次数越多,战况越激烈,马出的汗越多。因此,人们就用"汗马"比喻作战的劳苦和战功的卓著。

春秋时期，晋国公子重(chóng)耳流亡在外十九年。他结束流亡生涯回到晋国后，当上了国君，史称晋文公。晋文公把国家治理得很好，在各诸侯国之中建立了很高的威信，他也是"春秋五霸"之一。

晋文公刚当上国君时，曾对那些跟随他流亡的人论功行赏①，其中的一个标准是要有"矢(shǐ)石之难②，汗马之劳"。后来，"汗马之劳"演化为"汗马功劳"。

小小公告栏

①晋文公的奖赏分为三个等级，史称"三赏"。其中，有汗马功劳的受次赏。

②这句话的意思是说在战争中受到箭与石的攻击。矢，箭。

汗马功劳

多指在战争中立下的功劳，也泛指在工作中做出的成绩。

◎我们常用的含有"汗"的词语还有"汗颜"，它是指人因羞愧而脸上出汗，泛指惭愧。

日积月累

◆含有"马"的谚语

塞翁失马，焉知非福。

路遥知马力，日久见人心。

兵马未动，粮草先行。

妙笔生花

1. 花木兰替父从军，征战多年，立下了汗马功劳。
2. 将俺丞相汗马功劳一旦忘了，贬在济南府闲住。

（〔元〕王实甫《丽春堂》）

用干肉当学费

古代诸侯大夫相见时，通常会相互馈赠礼物。其中比较微薄的见面礼，就是捆成一束的十条干肉①。

春秋时期，受教育是贵族子弟的专利，穷苦人家的孩子很少有机会能读书学习。不过，那时候的大教育家孔子却有不同的做法。无论是穷人家的孩子，还是有钱人家的孩子，只要想学习，他都愿意收为学生。他说："自行束脩以上，吾未尝无诲

焉。"②大意是：如果有人愿意来学习，就算只准备一束干肉当见面礼，我也会尽心尽力地教导他。

孔子的言行，体现了"有教无类"的教育思想——对于施教的对象，没有贵贱、贤愚之分。在他的努力下，受教育对象的范围比以前扩大了，这适应和推动了文化下移的趋势。后来，"束脩"就成为拜见老师时所送礼物的代名词。

小小公告栏

① 古人一般在秋末冬初，把牛、羊、马等动物的肉切成块，经过反复捶打后晒干，有时也会加上盐、姜或其他调料。这样制作的干肉能够长期保存。

② 这段话出自《论语·述而》，体现了孔子重视学生的向学之心。

束脩

捆成一捆（十条）的干肉，是古时学生送给教师的报酬。

◎"束脩"一词，专指学生敬奉给老师的学费，不能用作其他方面的酬劳。例如："他请我帮忙介绍买主，答应事成之后给我束脩。"这是错误的用法，应该改成："他请我帮忙介绍买主，答应事成之后给我佣金。"

日积月累

◆赞美老师的诗词

春蚕到死丝方尽，蜡炬成灰泪始干。
——〔唐〕李商隐《无题》

落红不是无情物，化作春泥更护花。
——〔清〕龚自珍《己亥杂诗》

妙笔生花

1. 古时候，学生上私塾念书，家里要给老师送上束脩。
2. 访请一位名师，每年束脩一百二十两。

（〔清〕李伯元《文明小史》）

杏林 (xìng lín)

独特的谢礼

三国时期，吴国有一位医术很高明的医生，名叫董奉。他妙手回春①，救过很多人的性命。因此，大家都很尊敬他，认为他像神仙一样，称他为"董仙"。

据说，董奉给穷人看病，从来不收医药费，只要求他们在痊愈(quán yù)后，按照病情的轻重，在他的住所旁边栽种杏树：如果此前病情较重，就种五棵；如果此前病情较轻，就种一棵。

久而久之，董奉家附近已经种了十几万棵杏树，这表明他已经救治了数万人。同时，这些杏树也代表病人对董奉的衷心感谢。人们称这片杏林为"董仙杏林"，以此铭记董奉的恩德。现在，人们常用"杏林春暖""誉满杏林"等词语赞美医术高明、医德高尚的医生。

小小公告栏

① "妙手回春"是一个成语，用来形容医术高明，能使病危者痊愈。另有"起死回生"一词，也可形容医生的水平高超，意思是救活生命垂危的病人。

杏林

本指杏树成林。后为中医学界的代称。

◎ "杏林"与"杏坛"的意思不同,但二者容易混淆,大家在应用时要注意辨别。"杏林"指中医学界,"杏坛"则指教育界(相传因为孔子曾在杏坛讲学,故名)。

日积月累

◆ 词语小接龙

妙手回春 ➡ 春暖花开 ➡ 开天辟地 ➡ 地大物博

妙笔生花

1. 王医生常常下乡义诊,不收任何费用,他的善行义举在杏林传为佳话。
2. 橘井泉流,妙方济世;杏林花发,甘雨回春。(对联)

摘下官帽的人

汉朝时期,北海人逢萌家境贫寒,在乡里当亭长①。后来,他因为不愿意给别人当差役,便来到长安求学。他通晓《春秋》,被朝廷授予官职。当时,大权臣王莽主政,声势显赫。王莽为了篡权,

甚至杀掉了自己的儿子。

逢萌得知后，对亲友说："道德已经不存在了，我再不离开的话，恐怕也要遭受灾难。"于是他将官服、官帽挂在城门上，带着家人渡海远行。

古时候，做官的人所戴的帽子是官阶的标志，不同级别的官员戴的帽子也不同。若是被人摘下帽子，则意味着被罢官；若是自己摘下帽子，则表示自己不愿意做官了。后来，人们用"挂冠"表示某人主动辞去官职。

小小公告栏

① 战国时期，在与邻国接壤的地方设亭，置"亭长"，以防御敌人。西汉时期，在乡村每十里设一亭，有亭长，掌治安警卫，兼管停留旅客，治理民事。唐朝时期，尚书省各部都事、主事下设亭长，掌门户启闭禁令等事，为中央官署低级事务员。

挂冠

挂起官帽,指辞去官职。

◎"挂冠"与"桂冠"的写法相近,但意思完全不同。"桂冠"是指用月桂树叶编的帽子,现在多用来指竞赛中的冠军。

日积月累

◆ 含有"冠"的成语

冠冕堂皇	弹冠相庆
形容表面上庄严或正大的样子。堂皇,气势盛大。	掸掉帽上的灰尘,互相祝贺。指即将做官而相互庆贺。

妙笔生花

1. 他因为和公司的经营理念不合,经过思考,决定挂冠而去。
2. 有的咬一口松皮饼,极口叹赏它的清香,说自己明天就要挂冠归隐,去享这样的清福。(鲁迅《故事新编》)

鸡鸣狗盗 jī míng gǒu dào

小小技巧立大功

战国时期,齐国贵族孟尝君有很多门客。当时的门客,大多是一些足智多谋的人。孟尝君为他们提供衣食住行,门客则负责出主意、想办法,协助他处理政务。

有一次,孟尝君到秦国做客,却被秦王软禁起来。①就在孟尝君束手无策时,有位门客告诉他,秦王最宠爱的妃子是燕姬,如果能得到燕姬的帮助,他们就能返回齐国。

孟尝君采纳了这个建议,向燕姬求助,希望她能帮忙向秦王求情。燕姬再三考虑后说:"我很想要一件珍贵的白狐皮大衣,如果你能送我一件,也许我可以帮你!"孟尝君一听,感到非常绝望,因为他这次来秦国只带了一件白狐皮大衣,并且已经献给了秦王。

就在孟尝君不知所措之际,一个门客自告奋勇地说:"我可以去秦王那里偷回白狐皮大衣!"孟尝君喜出望外。当晚,那个门客钻狗洞,悄悄潜入秦王的宫殿,偷回了那件白狐皮大衣。

第二天一早,孟尝君便派人将大衣送给燕姬。燕姬看到后心花怒放,便极力游说(shuì)秦王释放孟尝君。秦王最终答应了。

因为怕秦王会反悔，孟尝君恢复自由后便立刻踏上逃亡之路。当他们抵达城门时，天还没亮，而秦国规定要等公鸡打鸣之后才能开城门。情况非常紧急，孟尝君一筹莫展。这时，有位门客表示自己能模仿鸡叫。没想到，他模仿了几声鸡叫，竟然引得附近村中的鸡都跟着叫了起来。守城门的人误以为天亮了，便打开城门放他们通行。

就这样，孟尝君化险为夷，安全地离开了秦国。这就是历史上著名的"鸡鸣狗盗"的故事。

小小公告栏

① 秦王原本想请孟尝君担任秦国的宰相，但是有大臣认为，孟尝君是齐国人，将来一定会危害秦国，所以秦王才改变主意，把孟尝君关了起来。

鸡鸣狗盗

指微不足道的技能，也泛指小偷小摸的行为。

◎有一个与"鸡鸣狗盗"相近的词语——"鼠窃狗盗"。它指像老鼠和狗一样窃取、偷盗，也指小偷小摸的行为。

日积月累

◆ 故事中的成语

束手无策

形容处于一筹莫展的困境，遇到问题没有解决的办法。

化险为夷

原指变险阻为平坦，后指转危为安。

妙笔生花

1. 他是个堂堂正正的人，最看不起的就是鸡鸣狗盗之徒。
2. 报仇的这桩事，是桩光明磊落、见得天地鬼神的事，何须这等鸡鸣狗盗，遮遮掩掩！（〔清〕文康《儿女英雄传》）

三月不知肉味

孔子最喜欢的音乐

孔子是春秋时期的思想家、政治家、教育家，非常有学问，除了诗书礼仪，他还精通音律。

有一天，孔子在齐国欣赏了一种曾在宫廷中表演过的乐舞——《韶》①。这种乐舞传到齐国后，融入当地特色，不论是贵族还是平民都能欣赏。

孔子欣赏《韶》后，感到身体被音乐带来的愉悦感萦绕，既舒畅又宁静，以至他在很长时间里，连肉的滋味都尝不出来了。

有人问孔子："你觉得《韶》美在什么地方？"孔子说："尽美矣，又尽善也！"②还说："我没想到这乐舞达到了如此完美的程度。"由此可见，《韶》真的非常优美动听！

小小公告栏

① 《韶》，也称《大韶》，相传为舜时代的乐舞，周代用于祭祀，后来逐渐失传。

② 这句话出自《论语·八佾》，后来演变成"尽善尽美"这个成语，意思是极其完善，极其美好。

三月不知肉味

比喻注意力集中于某件事物，以至有很长时间，无法分心在其他事物上。

◎"三月不知肉味"与"食之无味"的意思不同。前者偏重于因为被某事吸引，没有心思去注意其他事物；后者偏重于因为担忧、害怕等，所以胃口不佳，例如："他因为比赛成绩不理想，所以这几天食之无味。"

日积月累

◆ 表示音乐很美妙的成语

余音袅袅
形容声音婉转悠扬，连绵不绝。也比喻诗文隽永，令人回味无穷。

余音绕梁
形容歌声优美动听，给人留下深刻印象。也比喻诗文意味深长。

妙笔生花

1. 钢琴大师出神入化的演奏，令人三月不知肉味。
2. 每次听完这出戏，王伯伯便三月不知肉味。

用途多多的树

《诗经》中有这样一句诗:"维桑与梓,必恭敬止。"大意是:桑树与梓树是父母和祖先所种植的树木,做子孙的必须恭敬地对待它们。

古时候,桑树和梓树具有很高的实用价值:桑树的叶子可以用来养蚕,果子可供食用和酿酒,其他一些部位还可以制成药材①;至于梓树,则是制作车板、乐器等用具的好材料②。所以,人们常在住宅周围种植这两种树,以便留给子孙后代。

久而久之,乡里随处可见桑树与梓树。于是,人们以"桑梓"一词,作为故里、家园的代称。

小小公告栏

① 桑白皮是一种常见的中草药，即把桑树的根皮去除杂质后洗净、切丝、晒干后制成。

② 梓树的木质优良，不易腐朽，也可以用来做家具。

桑梓

"桑"和"梓"是古代家宅旁边常栽的树木,人们见了容易引起对父母的怀念。后来以"桑梓"代指故乡。

◎"桑梓"是"故乡"的代称,与之相近的词语还有"乡梓""梓里"等。由此可见,梓树在古代很受人们的喜爱。宋代有人称梓树为"木王",说"木莫良于梓"。

日积月累

◆意思相近的词语

　　故里　　故乡　　故园

◆意思相反的词语

　　他乡　　异地

妙笔生花

1. 他出钱出力,致力于家乡建设,可以说功在桑梓。
2. 乡禽何事亦来此,令我生心忆桑梓。

　（〔唐〕柳宗元《闻黄鹂》）

太守上任第一天

汉朝时期,班伯出任定襄^①太守。那时,定襄当地有势力的世家大族为李姓和石姓,他们不仅为报私仇而杀人,还杀害了前来追捕罪犯的官兵。班伯正是因为愤恨这样的行为,所以才上书朝廷,自愿到定襄代理一个月的太守。

听到班伯要来当太守的消息,定襄的老百姓议论纷纷。他们觉得班伯出身于富贵人家,年纪轻轻的,在本地毫无根基,上任后肯定会采取各种手段壮大自己的声势,建立自己的威信,不让手下的官吏看轻了他。

然而，班伯上任后整天广交朋友，不过问政事，时间久了，那些世家大族都放松了警惕，班伯也得知了那些犯法的人躲藏的地点。于是，班伯立刻召集各级官吏，挑选其中最有能力而且正直的人，命令他们去搜捕世家大族中那些为非作歹的家伙。结果，短短十天，定襄的恶棍便都被捉拿归案了，班伯也因此树立了威信，令当地的老百姓和官员十分敬畏。

《汉书》中说班伯来时，定襄的人"畏其下车作威，吏民竦息②"。古人常用"下马""下车"表示官员到任，随着语言的演变，"下车作威"逐渐被"下马威"代替。

小小公告栏

① "定襄"是古代地名，在今天的内蒙古自治区内。
② "竦息"指因恐惧而屏息。

下马威

原指官吏初到任时对下属显示的威风，后泛指一开始就向对方显示的威力。下马，古代指新官刚上任。

◎ "下马威"也泛指先发制人的手段，并不限于上级对下级、长辈对晚辈。

日积月累

◆ 形容气势很盛的成语

威风凛凛	八面威风
形容威武雄壮，很有气派，声势逼人。	形容威风十足，声势逼人。

妙笔生花

1. 新经理上任的第一天，就给员工来了个下马威。
2. （李彪）走到灶下取一根劈柴来，先把李旺打一个下马威。
   （〔明〕凌濛初《二刻拍案惊奇》）

特殊的礼遇

陈蕃(fān)是汉朝的太守,他为人正直清廉,不喜欢和别人交际应酬,几乎不在自己家里宴请宾客或招待朋友。

不过,陈蕃对一个人却例外——徐稚(zhì)①。徐稚是个很有才干的人,但是家徒四壁,靠耕田种地为生,过着布衣蔬食的生活。虽然很多人欣赏他的才华,推荐他出来做官,可是他讨厌官场上的繁文缛(rù)节,始终不肯接受官职。

陈蕃很看重徐稚,经常请他到自己府上聊天,

还特意为他在厅堂里摆了一张榻②，这样一来，徐稚来拜访时就可以坐卧休息了。等徐稚离开后，陈蕃马上命人把这张榻悬挂起来，不让其他人使用。陈蕃"下榻"和"悬榻"的举动，显示了他对徐稚的欣赏与重视。

后来，唐代文学家王勃在名篇《滕王阁序》中化用这一典故，写下了"人杰地灵，徐孺下陈蕃之榻"的句子。

小小公告栏

① 徐稚，字孺子，豫章南昌人，东汉时期著名的隐士。

② "榻"是古代一种狭长而低矮的坐卧用具，它的历史最早可以追溯到汉朝。古代的"榻"三面都是围栏，最初只能供人正坐或者斜倚，和今天我们用的"床"有较大的差别。现在，"榻"也泛指床。

下榻

"下榻"的典故在《后汉书·陈蕃传》及《后汉书·徐稚传》中均有记载。原指客人来家中住宿,是一个敬辞,现泛指住宿。

◎ "下榻"的"榻"是木字旁,不要写成"塌""蹋"或"踏"。

日积月累

◆ 故事中的成语

家徒四壁	繁文缛节
指家里仅有四面墙壁。形容极其贫穷,一无所有。	烦琐而不必要的仪式或礼节。也比喻烦琐多余的手续。

妙笔生花

1. 这家宾馆地理位置优越,交通方便,是旅客理想的下榻之处。
2. 使君宽怀安坐,今晚便可下榻草舍。

（〔明〕罗贯中《三国演义》）

杜 dù 康 kāng

树洞里酿成的美酒

古时候,河南有个人叫杜康,他很擅长酿酒。①传说,杜康酿酒源于一个意外。

当时,黄帝命杜康管理粮食。杜康很负责任,为了防止丰收的粮食发霉,他决定把征调来的大量粮食都堆放到桑树的树洞里,并在洞口盖上草。谁知经过长期的日晒雨淋，有一部分树洞灌进了雨水，粮食慢慢地发酵了。一天，杜康去查看粮食，闻到一股特殊的香气。他循着香味来到了一个桑树洞前，发现桑树洞里的粮食已经变成了汁液，香味就是从那儿飘散出来的。杜康忍不住舀出汁液尝了一口，感觉非常香醇。

后来，杜康花了很多工夫研究和改进酿酒技艺，无论谁喝了他酿的酒，都会感到心情舒畅。因此，人们都称他为"酒圣"。

小小公告栏

① 据一些专家研究，我国早在夏朝就有酒了。不过，早期的酒大多是用果实与百花发酵制成的，等到农业发展到一定程度，人们才开始用粮食酿酒。

杜康

相传最早发明酿酒的人,文学作品中用来代指酒。

◎现在人们常喝的酒是用粮食(如大麦、玉米、高粱)或水果(如樱桃、梅子、葡萄)等经过发酵酿制而成的,有白酒、黄酒、啤酒、葡萄酒等。

日积月累

◆美酒的雅称

琼露　瑶浆　玉液　芳醴

妙笔生花

1. 张叔叔擅长酿酒、品酒,被朋友们戏称为"当代杜康"。
2. 慨当以慷,忧思难忘。何以解忧?唯有杜康。

　（〔三国〕曹操《短歌行》）

只有你懂我

春秋时期，楚国有位琴师叫伯牙。有一年秋天，伯牙乘坐的船停靠在汉阳江口①，他一边赏月一边弹琴。这时，一个名叫钟子期的樵夫听到琴声，被深深地吸引了。

钟子期很擅长听琴，能从琴声中感受到弹琴者的心情。当伯牙弹奏出如巍峨高山般雄壮的琴声时，钟子期仿佛看到山峦昂然挺立；当伯牙弹奏出如淙淙流水般灵动的琴声时，钟子期似乎能感受到江河奔涌的意象。②伯牙很开心能遇到懂得自己琴声的人，并与钟子期约定来年去拜访他。

没想到，第二年，还没等伯牙到访，钟子期就去世了。伯牙得知这个消息后十分伤心，他在钟子

期的墓前弹奏一曲后，便把琴摔了个粉碎。他因为失去"知音"，所以决定不再弹琴了。后来，人们用"知音"一词来形容真正了解自己的人。

小小公告栏

① 伯牙遇到钟子期的地点，今人多认为是在湖北省石首市调关镇境内的调弦口。

② 典出《列子·汤问》："伯牙善鼓琴，钟子期善听。伯牙鼓琴，志在登高山，钟子期曰：'善哉，峨峨兮若泰山！'志在流水，钟子期曰：'善哉，洋洋兮若江河！'"因此，"高山流水"或"流水高山"被后人用作遇到知音或知己的典故。

知音

指真正了解自己的人。

◎"知己"与"知音"的意思相近,但是它们又有细微的区别。"知音"重在说一方认可和欣赏另一方的才华,比如钟子期懂得伯牙的琴声,对伯牙来说,钟子期就是他的知音;"知己"则是了解自己、跟自己情谊深厚的人。

日积月累

◆ 含有"知音"的诗词

当路谁相假,知音世所稀。
　　——〔唐〕孟浩然《留别王侍御维》
不惜歌者苦,但伤知音稀。
　　——〔汉〕佚名《西北有高楼》
欲将心事付瑶琴,知音少,弦断有谁听。
　　——〔宋〕岳飞《小重山》

妙笔生花

1. 人生难得遇到知音,遇到了就要好好珍惜。
2. 倘若说,作品愈高,知音愈少。那么,推论起来,谁也不懂的东西,就是世界上的绝作了。(鲁迅《集外集拾遗》)

年龄不是问题,性格拉近距离

东汉末年,有一对感情深厚的好朋友——孔融[①]和祢衡[②]。祢衡很有才华,却心高气傲,不过他认为孔融是"仲尼不死",把孔融当孔子来尊崇;孔融则说祢衡是"颜回再生",将祢衡视为孔子最贤明的弟子颜回。两人惺惺相惜,被传为佳话。

祢衡和孔融认识时,孔融已经四十多岁了,祢衡才二十岁左右。通常年纪相差这么大的人,不容

易成为好朋友,但他们却成了莫逆之交③,原因在于他们都是才华横溢且品行端正的人。

孔融因为欣赏祢衡的才华,将祢衡推荐给了曹操。但是祢衡性情直率,多次顶撞曹操,因此曹操没有重用他。

> **小小公告栏**
>
> ① 孔融是孔子的后裔,汉末文学家,字文举,"建安七子"之一。大家耳熟能详的"孔融让梨"的故事,说的就是他。
>
> ② 祢衡,汉末文学家,字正平。他文采斐然,性格刚直,不畏权贵,著有《鹦鹉赋》《吊张衡文》等。
>
> ③ "莫逆之交"是指志同道合、心意相通、彼此没有嫌隙的朋友。莫逆,形容彼此情投意合。

忘年交

年岁差别大、行辈不同而交情深厚的朋友。

◎如果你和你的朋友年龄、辈分相差不大,就不能用"忘年交"来形容,可以用"肝胆相照""志同道合"等成语来形容。

日积月累

◆表示好朋友的词语

挚友　知音　知己

妙笔生花

1. 这个勤奋好学的学生和王教授成了忘年交。
2. 这一天早上,他正在看天空的浮云,正正经经并没想到要撒谎的时候,忽然迎面来了一位忘年交。(茅盾《老乡绅》)

技痒 jī yǎng

听到音乐，全身发痒

战国时期的高渐离和荆轲(jīng kē)是好朋友。高渐离很擅长击筑①，每次他和荆轲聚在一起喝酒时，就会击筑作乐，荆轲则和着节拍唱歌。两人无拘无束，非常自在。

后来，荆轲启程去刺杀秦王，高渐离击筑为他送行。荆轲和着节拍唱歌②，歌声悲凉，引得送行的人都流下了眼泪。后来，荆轲刺杀秦王失败，惨遭杀害。高渐离为了躲避追杀，改名换姓，到别人家当佣工。

有一天，高渐离的主人家来了一位客人。客人在屋里击筑，高渐离听到了筑声，很想动手去敲，想得皮肤似乎都痒了。他对侍奉主人的奴仆说："那筑的声调有好的地方，也有不好的地方。"

没想到，奴仆把高渐离的话告诉了主人。主人很惊讶，便请高渐离上堂来击筑。高渐离换上以前穿过的衣服，拿着筑，来到堂上，当场击筑作歌，音调慷慨激昂。主人和客人听了，大吃一惊，尊高渐离为上宾。相传，这便是"技痒"一词的来源。

小小公告栏

① "筑"是古代的一种击奏弦鸣乐器，琴体狭长，木质，有弦，用竹棒击奏。

② 据史书记载，荆轲当时唱的歌是："风萧萧兮易水寒，壮士一去兮不复还。"大意是：风声萧萧，易水寒气袭人，壮士在此远去，不完成任务誓不回还！

技痒

有某种技能的人遇到机会时极想施展。

◎除了"技痒",在一些地方的方言中还有一个常用的词"皮痒",形容人不守规矩、欠收拾,带有不客气的意味。"心痒"则比喻内心非常渴望。

日积月累

◆表示非常急切的成语

跃跃欲试	迫不及待
因急切期待而心情激动的样子。	急迫得不能再等待。形容心情十分急切。

妙笔生花

1. 看到别人弹琴,他一时技痒,也想上台演奏。
2. 瑞丰自以为精明老练,不肯因技痒而失去控制力。

（老舍《四世同堂》）

图书在版编目（CIP）数据

有故事的词语. 3 / 周姚萍著. — 青岛：青岛出版社, 2023.6

ISBN 978-7-5736-1202-1

Ⅰ.①有… Ⅱ.①周… Ⅲ.①汉语—词语—小学—教学参考资料 Ⅳ.①G624.203

中国国家版本馆CIP数据核字（2023）第097646号

中文简体字版由五南图书出版股份有限公司经台湾巴思里那有限公司授权。
山东省版权局著作权合同登记号　图字：15-2020-126号

书　　名	YOU GUSHI DE CIYU 有故事的词语③	
著　　者	周姚萍	
出版发行	青岛出版社	
社　　址	青岛市崂山区海尔路182号（266061）	
本社网址	http://www.qdpub.com	
邮购电话	0532-68068091	
责任编辑	步昕程　李晗菲	
特约编辑	李子奇　刘　鹏	
版式设计	桃　子　李　艳	
封面设计	青岛艺非凡文化传播有限公司	
全书插图	刘　璐　胡　龙　滕　乐	
照　　排	青岛可视文化传媒有限公司	
印　　刷	青岛乐喜力科技发展有限公司	
出版日期	2023年6月第1版　2023年6月第1次印刷	
开　　本	16开（710 mm×1000 mm）	
印　　张	17.5	
字　　数	300千	
书　　号	ISBN 978-7-5736-1202-1	
定　　价	120.00元（全3册）	

编校印装质量、盗版监督服务电话 4006532017 0532-68068050